"国家中等职业教育改革发展示范学校建设计划"系列成果

◆ 总主编：谷小平 ◆

# 中职学校多元评价

陈瑞生　罗海鸥　邹　晋　著

西南师范大学出版社
国家一级出版社　全国百佳图书出版单位

**图书在版编目（CIP）数据**

中职学校多元评价 / 陈瑞生，罗海鸥，邹晋著. --重庆：西南师范大学出版社，2016.5
ISBN 978-7-5621-7847-7

Ⅰ．①中… Ⅱ．①陈… ②罗… ③邹… Ⅲ．①中等专业教育－教育评估 Ⅳ．①G718.3

中国版本图书馆CIP数据核字（2016）第103380号

# 中职学校多元评价

陈瑞生　罗海鸥　邹　晋　著

责任编辑：杨景罡　周明琼
装帧设计：汤　立
出版发行：西南师范大学出版社
　　　　　地　　址：重庆市北碚区天生路2号
　　　　　邮　　编：400715　　市场部电话：023-68868624
　　　　　网　　址：http://www.xscbs.com
印　　刷：重庆市国丰印务有限责任公司
开　　本：889mm×1194mm 1/32
印　　张：6.5
字　　数：208千字
版　　次：2016年5月　第1版
印　　次：2016年5月　第1次印刷
书　　号：ISBN 978-7-5621-7847-7
定　　价：25.80元

# 前 言

《国务院关于加快发展现代职业教育的决定》指出:"以邓小平理论、'三个代表'重要思想、科学发展观为指导,坚持以立德树人为根本,以服务发展为宗旨,以促进就业为导向,适应技术进步和生产方式变革以及社会公共服务的需要,深化体制机制改革,统筹发挥好政府和市场的作用,加快现代职业教育体系建设,深化产教融合、校企合作,培养数以亿计的高素质劳动者和技术技能人才。"这样,就把中职学校贡献水平、学生素质能力、教师教学效果等评价摆在了中职教育的重要位置。为此,要把中职学校贡献水平、学生素质能力、教师教学效果等评价作为中职学校评价模式改革的主要内容。

陈玉琨教授认为:"教育评价是对教育活动满足社会与个体需要的程度做出判断的活动,是对教育活动现实的(已经取得的)或潜在的(还未取得但有可能取得的)价值做出判断,以期达到教育价值增值的过程。"这一界定抓住了教育评价的本质,强调了潜在价值,符合教育与发展的理念;强调了教育评价本质上是一种价值判断活动,这种价值判断的准则既强调教育活动对社会需要的满足,又强调对个体需要的满足;确立了教育活动不仅仅是对教育活动的现实价值做出判断,还着眼于未来,对可能形成的价值或潜在的价值予以重视,教育评价的最终目的是达到教育价值的增值。中职学校多元评价就是对中职学校可能形成的价值或潜在的价值予以足够的重视,以达到中职教育价值增值的目的。

现代中等职业教育,在人才培养上从能力本位走向人格本位,在教学模式上从教学过程走向生产过程,在办学模式上从校企合作走向产教融合,在教育内容上从技能教育走向技术技能教育。中职教育的评价研究也取得了长足的进步,评价原则呈现出教育性,评价内容呈现出多元性,评价主体呈现出多样性,评价机制呈现出完善性,评价方式呈现出时代性。从现代中职教育的发展趋势以及当下中职教育评价的基本走向中我们可以看出,中职学校评价迫切需要建立在以人才培养、办学模式、教学模式、教育内容、队伍建设、内部管理为核心的中职教育发展体系之中。中职学校多元评价就是根据现代中职教育发展这一要求开发的评价体系,在价值取向上,从一元走向多元;在评价重心上,从外控走向校本;在评价过程上,从技术技能走向素养;在评价机制上,从他评走向自评;在评价手段上,从物化走向育人。

中职学校多元评价由三个部分构成,一是中职学校多元评价的基本理论研究,见诸第一章与第二章;二是中职学校多元评价的组织体系研究,见诸第三章;三是中职学校多元评价的建构研究,见诸第四章至第七章。

中职学校多元评价的基本理论研究,是本项目研究的起点。第一章在对教育评价历史回顾的基础上,对中职学校多元评价的内涵进行了探讨,认为中职学校多元评价是当下中职学校评价的时代选择。第二章讨论了中职学校多元评价的理论基础,并就多元智能理论、建构主义理论、发展性教育质量保障理论与中职学校多元评价的关系进行了探索。

中职学校多元评价的组织体系研究其本质为评价机制建构研究,涉及中职学校多元评价整体框架、实施步骤、组织体系等。

中职学校多元评价的建构研究为本项目研究的重要内容。第四章主要研究中职学校贡献水平的多元评价,围绕社会需求评价学校的办学质量,以使其动态适应国家和当地社会经济发展需要、服务社会经济发展和人的全面发展的需要。从背景评价、输入评价、过程评价和成果评价的视角,以学校、学生、行业企业等作为评价主体,设置其贡献水平的发展指标,以促进中职学校更好地发展。第五章主要研究教师教学效果的多元评价,以学生的学习成果为目的,评价的是教师在教学过程中所体现出来的与教学热情、教学组织、师生互动、师生关系、专业知识、教学管理、课程难易度等相关的行为,以促进教师教学水平提高。第六章主要研究学生素质能力的多元评价,评价的内容主要涉及思想品德、技术技能、就业创业能力等。第七章主要研究课堂教学的多元评价,在对项目教学、案例教学、模拟教学、"五环四步"教学等模式的内涵、特征、步骤把握的基础上,对其进行的多元评价,以提升其教学质量。

  本项目的研究得到了"国家中等职业教育改革发展示范学校建设计划"的大力支持,该计划为本项目的研究提供了良好的条件。张敏、彭炜、何斌、熊涛、陈彦、杨小明、梁勤光、刘明生、扈晓玲、黄文胜、夏文娟、曾霞、杨雨、范海、杨丽娟、陈泽艳、刘星、戴家勇、肖华荣等一直是本项目组的主要成员,他们为本项目的研究做出了重要的贡献,在此一并表示感谢!

谷小平 陈瑞生 罗海鸥 邹 晋
2015 年 4 月

# 目录

## 第一章 中职学校评价的新趋势 /1
第一节 教育评价的历史回顾 /2
第二节 中职学校多元评价的概念透视 /9
第三节 中职学校评价的时代选择 /15

## 第二章 中职学校多元评价的理论基础 /23
第一节 多元智能理论与中职学校多元评价 /23
第二节 建构主义理论与中职学校多元评价 /29
第三节 发展性教育质量保障理论与中职学校多元评价 /34

## 第三章 中职学校多元评价的整体框架与实施步骤 /39
第一节 中职学校多元评价的整体框架 /39
第二节 中职学校多元评价的实施步骤 /47
第三节 中职学校多元评价的组织体系 /52

## 第四章 中职学校贡献水平多元评价 /56
第一节 中职学校贡献水平多元评价指标体系的构建 /57
第二节 中职学校贡献水平的学校自我评价 /63
第三节 中职学校贡献水平的学生评价 /70
第四节 中职学校贡献水平的行业企业评价 /75

## 第五章 中职教师教学效果多元评价/83

第一节 中职教师教学效果多元评价体系的构建/83
第二节 中职教师教学效果的学生评价/87
第三节 中职教师教学效果的教师评价/93
第四节 中职教师教学效果的行业企业评价/98
第五节 中职教师教学效果的学校评价/103

## 第六章 中职学生素质能力多元评价/110

第一节 中职学生素质能力多元评价指标体系的构建/110
第二节 中职学生思想品德的多元评价/117
第三节 中职学生技术技能的多元评价/132
第四节 中职学生就业创业能力的多元评价/147

## 第七章 中职学校课堂教学多元评价/163

第一节 中职学校课堂教学模式列举/163
第二节 项目教学的多元评价/168
第三节 案例教学的多元评价/176
第四节 模拟教学的多元评价/183
第五节 "五环四步"教学的多元评价/189

## 主要参考文献/198

# 第一章
## 中职学校评价的新趋势

《国务院关于加快发展现代职业教育的决定》(以下简称《加快发展现代职业教育决定》)指出:"完善职业教育质量评价制度,定期开展职业院校办学水平和专业教学情况评估,实施职业教育质量年度报告制度。注重发挥行业、用人单位作用,积极支持第三方机构开展评估。"《教育部 人力资源社会保障部 财政部关于实施国家中等职业教育改革发展示范学校建设计划的意见》(以下简称《示范学校建设计划》)也强调:"以贡献和能力为依据,按照企业用人标准构建学校、行业、企业、研究机构和其他社会组织等多方共同参与的评价机制。建立以贡献为导向的学校评价模式和以能力为核心的学生评价模式。"这些要求为中职学校评价指明了方向,多元评价也就成为教育评价关注的新领域。在这样的背景下,我国学者对其进行了大量的探索,取得了不少的成果。然而关于中职学校多元评价的研究还不够充分,需要进一步的探索。

我国提出多元性评价概念是在 20 世纪 90 年代初,本章将结合这一概念,在对中职学校评价的思潮进行历史性研究的基础上,对中职学校多元评价提出的时代背景等方面做出说明。

## 第一节　教育评价的历史回顾

要探究多元评价,有必要对多元评价产生的历史进行一个回顾,以找寻其发轫的背景,并总结其时代的特点。

大家知道,评价的历史既悠久,又年轻。说它悠久,是因为在 1400 多年前,我国隋代就出现了科举考试制度,这就是评价的渊源;说它年轻,是因为真正意义上的评价是在 19 世纪末才出现的,即 1897—1898 年在美国对 3 万多名小学生所进行的拼字测验,这一测验检视的是拼字教学时间对学习效果的影响。

### 一、教育评价理论的历史发展

有学者在对教育评价的发展进程进行详细的分析之后,将其划分为三个阶段,一是古典的考试型时期(examination pattern),二是心理测量占统治地位的时期,三是后现代时期(postmodern era)[1];也有学者,如美国评价专家古巴与林肯(E. G. Guba & Y. S. Lincoln)将教育评价划分为测验与测量、描述、判断、建构四个时期,这样的划分较好地把握了教育评价理论发展的意蕴。下面我们将以此为线索,探讨教育评价理论发展的基本脉络。

测验与测量时期。测验与测量时期是指 19 世纪末到 20 世纪 30 年代这一时期。在这一时期,自然科学的迅速发展带来了测量、统计技术的发展,于是诸如法国"比奈-西蒙智力量表"、美国桑代克(E.L. Thorndike)的《心理和社会测量理论导论》等相继问世。同时,在这一时期,工商业的"科学管理运动"也带来了学校教育的变化,学校被比作"工厂",教师被视为"加工者",于是学生也就被看作是"原料

---

[1] Lewy A. Postmodernism in the field of achievement testing [J]. Studies in Educational Evaluation,1996,22(3):223-224.

与产品"。这样，对于作为学校培养对象的学生来讲，要检查培养质量的好坏，自然其标准就是看学生这一"产品"质量的好与坏了，测量便成为其检测的手段。因此，我们可以把这一时期评价特点与本质做这样的概括：其特点就在于评价就是测量，评价者就是测量的技术员，因为他们从事的是选择测量工具、组织测量、提供测量数据的工作；其本质也就在于通过测验或测量的方式测定学生对知识的掌握情况或者所具有的某些特质。

描述时期。描述时期是指20世纪30年代到50年代这一时期。在这一时期，美国出现了经济大萧条，同时伴有完成初等教育人数的激增以及由此带来的失业人数的增加，这些对原有的中等教育的目标、课程、评价标准等产生了巨大的冲击，这样，由进步教育协会主持的"八年研究"便应运而生。就评价而言，使用了问卷、观察、产品样本与测验等方法。对此，作为"八年研究"评价组负责人的泰勒就认为，评价应该是一个过程，而不仅仅是一个或两个测验。因此，我们可以对这一时期的评价特点与本质做一个简单的概括：其特点表现在两个方面，就评价过程而言，它强调了教学结果与预定的教育目标之间的对应性；就评价结果而言，注重依据预定的教学目标对教学结果所进行的客观描述。由此可见，这一评价本质一是要将教育目标转化为清晰的、可操作的行为目标；二是评价的内涵更丰富了，评价不仅仅是考试与测验，它还有问卷、观察等多种形式，考试与测验只不过是评价的一部分而已。我们可以看出，自此评价便走上了科学化的道路。

判断时期。判断时期是指1957年到20世纪70年代这一时期。这一时期的背景是美国因苏联人造卫星上天所引发的教育改革，关注的焦点是既定的教育目标是否需要评价；如果要评价，是否需要价值判断；如果需要价值判断，其标准又是什么；因此，我们可以看出，在这一时期，对评价本质的看法实际上是围绕"价值中立性"之争展开的，从而确定了评价的本质就是价值判断。于是，基于对这一本质的认识，就产生了"形成性评价""目标游离评价""内在评价"等一系列评价理念，而这些，也恰恰是对描述时期评价的重要超越。 据此，我们也就可以将判断时期评价的特点概括为：一是既然评价是价值判断的过程，那么评价就不能仅仅是依据预定的教育目标对教育结果所进行的描述；二是评价不仅仅是依据预定的教育目标对教育结果所进行的描述，而且预定的教育目标本身也需要评价；三是预定的教育目标本身也需要评价，那么，评价也就应该游离于预定的教育目标之外，这样，评价过程的价值就应当得到确认，于是，评价过程本身的价值就成为评价的有机组成部分。

建构时期。 建构时期起始于20世纪60年代末70年代初，它是随着人们对课程改革运动的深刻反思而兴起的。 对于以上所讨论的三个时期的评价，古巴与林肯对其存在的问题进行了批评，他们认为，一是存在着管理主义倾向，即教育管理者总是通过提供资金资助控制评价，决定评价的范围和任务，决定评价的对象；二是忽视价值的多元性；三是过分依赖科学方式。[①] 为此，古巴与林肯提出了所谓的第四代评价的概念。 第四代评价是以斯太克"回应性的聚焦方式"作为评价的起点。 斯太克认为，评价的意义在于服务，在斯太克看来，评价的目的是服务于评价的对象，这样，以"回应服务对象"为起点的评价模式，即"回应模式"（responsive model）便应运而生了。 必须强调的是，第四代评价是为了克服前面所提到的三代评价的缺陷而提出的评价理论，因此，在"回应模式"的指导下，第四代评价的本质就是一种通过"协商"而形成的心理建构。 这样，我们可以将其特点理解为：一是既然它是一种通过"协商"而形成的心理建构，那么，它的价值观应该是"多元主义"的价值观；二是由于它受"多元主义"的价值观所支配，那么这种评价就是一种民主协商、主体参与的过程；三是既然这种评价就是一种民主协商、主体参与的过程，那么被评者也是评价的参与者；四是由于被评者也是评价的参与者，那么评价就要在一种自然的环境中进行，评价的各方要通过对话、协商而达成共识，这样，

---

① 张民选.回应、协商与共同建构——"第四代评价理论"评述[J].外国教育资料，1995 (3)：53-54.

评价的基本方法就是质性评价法。同时，我们还应该看到，第四代评价所要克服的是前述三代评价中的缺点，因此，它不排斥其他的评价模式，主张的是在具体的情况下，与其他评价模式相互补充。

## 二、多元评价理论的形成

在上文中，我们对教育评价理论的历史进程进行了简单的回顾，从法国"比奈-西蒙智力量表"到斯太克的"回应模式"，无不可以发现多元评价理论形成的基本轨迹。

在"比奈-西蒙智力量表"中，我们不难看出，他们所研究的智能是先天的、静态的或者说是几种认知因素的简单相加。从这个意义上讲，"比奈-西蒙智力量表"所遵循的评价理论是一种单维理论，也就是说，这种评价是一种单一的评价形式，评价的是学生对知识的掌握情况以及所具有的某些特质。无疑，这种评价影响着学生其他能力的发展。尽管这种评价一直受到挑战，但直到元认知理论提出后，才在真正意义上对单维智力理论进行了批评。元认知概念是由美国心理学家弗拉维尔（J. H. Flavell）在1976年提出的。"所谓元认知，就是指对自己认知活动的过程和结果的认识，是个体对自己认知活动的自我意识和体验，它对人的认知活动起着计划、推动、监控和调节作用。"[1]这样，我们可以将这一界定理解为，元认知水平与人的智能水平之间存在着正相关性，元认知水平在很大程度上决定着智能水平的高低。可见，元认知理论说明的是人的智能是一种多维度、多侧面的心理现象，而不是几种因素的简单相加，这就超越了单维理论对智能的认识，从而奠定了多元智能理论的基础。

在随后的有关多元智能理论的研究中，心理学家们纷纷推出自己的有关智能的理论。如，美国心理学家加德纳（H.Gardner）在1983年提出了多元智能观点。斯腾伯格（R. J. Sternberg）除了1985年在他的《超越IQ——人类智力的三元理论》一书中提出关于智能的三元理

---

[1] 李风华.多元智力理论与多元评价[J].教学与管理，2003 (6)：36-37.

论,还于1996年推出了成功智能理论。 戴斯(J. P. Das)、纳格利尔里(J. A. Naglieri)、柯尔比(J. R. Kirby)在其著作《认知过程的评估——智力的PASS理论》中提出了智能的PASS理论。 尽管这些观点不尽相同,但都对传统的单维智能测验提出了挑战。 这些理论也为运用多元方式评价学生的学习表现以及采取多元的评价方法进行评价提供了理论基础,其中,加德纳的多元智能理论最具代表性,对教育及其评价,尤其是对多元评价产生了重大的影响。

至此,我们可以说,多元评价理论是在第四代教育评价理论与加德纳多元智能观的评价理论基础上提出的。 由此,教育评价便从一元走向了多元。 对于加德纳多元智能理论,我们将在第二章中做进一步论述。

## 三、多元评价的时代特点

从现有的多元评价的研究成果来看,我国对多元评价的研究最早的文献出现在1993年,即发表在《体育科学》上的《高师体育系学生综合能力的培养和建立多元评价数学模型的研究》,而关于中职多元评价的最早文献则出现在2000年,即发表在《职教通讯》上的《对中职专业课课堂教学多元评价模式的探讨》。 对多元评价的研究,从CNKI上看,以"多元评价"为主题的文章达2660篇之多;从著作上看,以潘永庆、孙文彬、路吉民的《多元评价:创新教育的有效机制》等为代表。 可见,这一领域的研究成果颇丰,具有以下几个特点。

一是教育层次的多元评价研究。 在教育的层次上,有高等教育的研究,也有基础教育的研究,还有职业教育的研究。 在高等教育多元评价研究上,主要是建立多元评价数学模型的研究,"确定了综合评价的指标体系和各项指标的权重,建立了多元评价的数学模型,制订了评价的标准体系和方法体系以及综合能力的培养方案"。[①] 就基础教

---

① 孙庆祝,等.高师体育系学生综合能力的培养和建立多元评价数学模型的研究[J].体育科学,1993(6):10.

育而言，有对高中学生学习多元评价的探讨，提出了"将过去单一的结果评价体系，改变为定量与定性相结合、静态与动态相统一、自评与互评相结合的有利于学生发展的综合评价体系，同时充分利用现代信息技术，建立基于学生学习全过程的多元的质量监控和评价平台"。①还有就是对教师发展性多元评价模式的研究，提出要坚持"教师发展性多元评价的基本理念是：主张评价多元化——坚持以发展性评价为主导，广泛吸收各种评价的长处，实现教师评价价值标准、评价功能、评价主体、评价内容、评价方式和方法的多元化，为教师创设和谐的发展环境，促进教师的可持续发展"。②就职业教育来讲，有对中职学校语文学科多元评价的研究，从"改变了原有单一的语文会考制度，将原来单一的卷面考试变成了'笔试＋口试＋特长＋档案袋'的综合型评价"。③

二是考试评价的多元研究。有学者认为"随着我国经济体制的变革、社会结构的变动、利益格局的调整和思想观念的变化，社会价值观由一元向多元、简单向复杂转换，更加注重人的全面发展和对个体的全面评价"。为此，"考试要从以前的外部目标导向发展转向注重对象的客观需要；从注重教育传承社会文化的工具作用转向强调学生实践与创新创业能力的挖掘和培养；从以物为本转向以人为本，给学生以成长方向上的指导，促进人的全面、个性和自由发展"。④

三是多元评价的方法与标准研究。如通过雷达图来展示学生多方面的能力，因为"每个学生有不同的特长，每个学生在研究活动、电子作品中总是表现出来多方面的能力，每个能力的水平层次也不同，雷

---

① 奚晓晶.高中学生学习多元评价的探索[J].上海师范大学学报(哲学社会科学·基础教育版)，2004(2)：31.
② 席家焕.教师发展性多元评价模式的构建——对教师发展性评价再发展的思考[J].中小学管理，2006(3)：51.
③ 张金英，洪彬彬.关注个体差异 增强学习效能 促进多元发展——杭州市中等职业学校语文学科多元评价的实践与探索[J].中国职业技术教育，2004(22)：22.
④ 戴家干.从单一考试走向多元评价[J].人民教育，2014(17)：26-27.

达图正可以帮助我们直观地表征不同维度指标和相应的水平"。① 再者,就是基于新课程改革对构建多元化评价体系提出的明确要求,认为,"制定考试评价标准是多元评价体系构建的重要组成与完善,同时对有效实施考试,对有效评价学生学业成果,对有效促进学生健康发展等方面都有着积极的重要意义"。② 也有学者基于多元评价理论对辅导员职业准入标准进行研究,强调要"根据多元评价理论注重发展、多元的评价观,构建辅导员职业准入标准时,应坚持基础性评价标准与核心职业素质相对应、基础性评价标准和发展性评价标准相结合、多维化评价内容与个性化职业潜力相配合、多层次评价标准与多元化主体要求相协调等原则,以促进辅导员队伍职业化、专业化发展,学生的发展,高等教育事业的发展和社会的发展为核心目标"。③

总之,多元评价新时期的特点就在于"从将评价对象仅仅看作客体,到重视评价对象的主体性;从教育价值的一元论到重视教育价值的多元性;从重视评价的鉴定与奖惩功能到重视评价的发展与激励功能等"。④ 从这个意义上讲,多元评价的本质就在于,无论是评价的缘由,还是评价的主体,无论是评价的内容,还是评价的方法与依据等,都要对它们进行多元的理解,即要实现评价功能的多元化、评价主体的多元化、评价内容的多元化、评价方法的多元化、评价标准的多元化等。

---

① 倪小鹏.多元评价的方法与实践[J].中国电化教育,2003(5):19.
② 谢利民,褚慧玲.多元评价体系中制定评价标准的思考[J].全球教育展望,2009(2):22.
③ 鲁静.基于多元评价理论的辅导员职业准入标准[J].教育发展研究,2011(22):77.
④ 邓洪涛,刘堤仿.实施多元评价 促进教师发展——中小学教师校本培训质量评价体系的实践研究[J].中小学教师培训,2006(11):6.

## 第二节 中职学校多元评价的概念透视

在上一节中，我们探讨了多元评价的发展进程，并对多元评价的时代特点进行了简单的概括。那么，多元评价的内涵是什么？中职学校多元评价的内涵又是什么？它又具有什么样的理念？本节将对此做如下分析。

### 一、多元评价的内涵

关于什么是多元评价，有关学者进行了研究与探讨，对其界定的标准主要有以下几种。

有学者认为："多元评价是指不单纯采用标准化测验，而是采用多种途径，在非结构化的情境中评价学生学习结果的一系列评价方法，其中主要是'真实性评价'。"[1]在该学者看来，多元评价指的是评价方法的多元性。

也有学者从制度建立的视角进行了界定，认为，"多元评价制度从教育目的的本质出发，尊重了受教育者与施教者的教育需求，体现了多元教育观、人才观、质量观，增强了评价之外的收益。它更符合现代教育评价要求，能够调动学生、教师、家长的多方参与，也能动员社会力量关注支持教育"。[2]该学者主要是从多元评价制度建立的角度，对多元评价的价值取向、评价的主体及其意义等做了说明。

还有学者提出，"多元评价是以多元智能理论为基础的一种评价方式，该方法试图将教学与评价结合，制定合适学生的发展规程，在此过程中找出学生的优点和长处，提供学生发展的建议，预测出学生发

---

[1] 李风华.多元智力理论与多元评价[J].教学与管理，2003 (6)：36.
[2] 王军.多元评价制度与教师发展[J].黑龙江教育（综合版），2004 (28)：11.

展的潜能,以最终达到培养学生各方面的问题解决能力"。[①] 在该学者看来,多元评价与学生的发展规划的确定相关,通过教学与评价的结合,对学生的发展提出建议,最终达到学生解决问题能力的提升。

有学者认为:"多元评价是以创新教育的价值观作为价值基础,以开发学生和教师的潜能、促进学生和教师的创新素质发展为根本任务,以激励学生和教师不断超越自我为本质,以目标多元、标准多元、方式多样为标志的教育评价。"[②]在该学者看来,多元评价的价值取向是创新教育,目的是促进学生与教师潜能的开发,方式是目标设定、标准和评价方法的多元化。

也有学者指出:"'多元评价'是教育评价的一种方式,是更为整体的动态的评价机制,与体育教学评价相适应,强调教学的整体效能,已广泛应用于现代教育评价。'多元评价'以评价主体的多元化,评价内容的全面化,评价方法的多样化,评价时机的全程化形成动态性整体评价,全面整体地评价学生的学业成就和潜能。"[③]该学者从体育教学评价的视角探究了多元评价,强调了评价主体的多元性、评价内容的多元性、评价方式的多元性以及评价时机的全程化,并指出评价的目的在于对学生学业成就评价的全面性、整体性。

综上所述,我们可以对多元评价做出这样的界定,即多元评价是以第四代教育评价理论与多元智能理论为基础,以评价标准、评价主体、评价内容、评价方式、评价结果、评价场景多元化为标志的评价,是教育评价理论发展的内在要求。

## 二、中职学校多元评价的内涵

以上我们对多元评价概念进行了梳理与界定,在此基础上,我们对中职学校多元评价的内涵做如下界定。 中职学校多元评价是以现代

---

[①] 李荆.运用评价促进学生发展——多元评价及其应用述评[J].内蒙古师范大学学报(教育科学版),2005(12):62.
[②] 潘永庆,等.多元评价:创新教育的有效机制[M].济南:山东教育出版社,2004:16.
[③] 刘亚萍,罗平.体育教学中多元评价机制构建探析[J].教学与管理,2013(6):113.

教育评价观以及多元智能理论为基础，以学生的职业道德、技术技能水平和就业创业质量为核心，以教师的教学效果为关键，以学校的贡献和能力为依据，构建教师、学生、行业企业等多方共同参与的评价机制，围绕社会需求评价学校的办学，促进学校课程考试与职业资格鉴定的衔接统一，提高学生综合职业素养，引导学生全面发展的评价。这一界定，试图对中职学校多元评价的内涵与本质加以概括。就内涵而言，它主要体现在以下四个方面。

第一，中职学校多元评价的理论基础是多元的。现代教育评价观是以第四代评价理论为基础的评价观，它强调评价是一种民主协商、主体参与的过程，是基于主体间性视野的评价，从而决定着多元评价理论的形成与发展。而多元智能理论强调的是人的智能的多元性，因而对人的评价的内容也应该是多元的，正因为评价内容的多元，也就决定着评价主体、方式、结果等的多元。

第二，中职学校多元评价的内容是多元的。中职学校多元评价的内容可以从三个方面来理解，一是学生层面的，是以素质能力评价学生；二是教师层面的，是以教学效果评价教师；三是学校层面的，是以贡献水平评价学校。而学校的贡献水平的评价是通过教师与学生评价的内在性与针对性反映出来的整体性与全面性的评价。上述三个方面也恰恰是中职教育评价创新的充分体现。

第三，中职学校多元评价的主体是多元的。中职学校多元评价机制的建立，也决定着中职学校评价的多元性。《示范学校建设计划》提出要"按照企业用人标准构建学校、行业、企业、研究机构和其他社会组织等多方共同参与的评价机制"。《中等职业教育改革创新行动计划（2010—2012年）》（以下简称《创新行动计划》）也指出要"基本形成教育与产业、校内与校外结合的质量评价机制"。可见，就中职学校多元评价来讲，其评价的主体主要体现在教师、学生、行业企业上。

第四，中职学校多元评价的目的是多元的。中职学校多元评价强调以学校的贡献和能力为依据，这说明中职学校多元评价要牢牢把握"围绕社会需求评价学校的办学"这个大方向，这样，才能更好地"动态适应国家和当地经济社会发展需要"。而这一切需要要以"提高学生综合职业素养"为抓手，推进学生毕业证书与职业资格证书的对接，并通过评价方式的多元化来引导学生的全面发展与个性发展。

以上对中职学校多元评价的界定不仅包含了这一概念的内涵，也较好地反映了其本质，体现了其根本属性，表现出中职学校多元评价固有的、内在的、稳定的特征。

首先，中职学校多元评价遵循的是中职学校办学的规律。《加快发展现代职业教育决定》要求："充分发挥市场机制作用，引导社会力量参与办学，扩大优质教育资源，激发学校发展活力，促进职业教育与社会需求紧密对接。""同步规划职业教育与经济社会发展，协调推进人力资源开发与技术进步，推动教育教学改革与产业转型升级衔接配套。"《国家中长期教育改革和发展规划纲要（2010－2020年）》（以下简称《教育规划纲要》）指出，职业教育要"以服务为宗旨，以就业为导向，推进教育教学改革。实行工学结合、校企合作、顶岗实习的人才培养模式"。可见，中职学校的办学规律最根本的一条就在于产教融合、校企的深度合作。中职多元评价充分地体现了这一规律，在评价的要素上保证了企业行业的深度参与，并落脚到促进学校办学与社会需求的紧密对接。

其次，中职学校多元评价是以学生综合职业素养的提升为目的的。《现代职业教育体系建设规划（2014－2020年）》（以下简称《体系建设规划》）强调："以学习者的职业道德、技术技能水平和就业质量为核心，建立职业教育质量评价体系。"中职教育质量评价体系的建立有赖于完善学校、行业、企业、研究机构和其他社会组织共同参与的职业教育质量评价机制。从这个意义上讲，中职学校多元评价是以学生素质能力为核心来架构学生的评价，指向的是学生综合职业素养的提升。

再次，中职学校多元评价贯穿了学生实习实训的全过程。《教育部办公厅关于制订中等职业学校专业教学标准的意见》（以下简称《专业教学标准意见》）指出："实训实习是专业技能课程教学的重要内容，是培养学生良好的职业道德，强化学生实践能力和职业技能，提高综合职业能力的重要环节。实训实习包含校内实训、校外实训和顶岗实习等多种实训实习形式。"中职学校多元评价注重了评价场景的多元性，在教师评价、学生评价、学校评价上均将实习实训纳入其中。

复次，中职学校多元评价是以促进中职教师的专业成长为指向的。《中等职业学校教师专业标准（试行）》（以下简称《教师专业标准》）指出："中等职业学校教师是履行中等职业学校教育教学工作职责的专业人员，要经过系统的培养与培训，具有良好的职业道德，掌握系统的专业知识和专业技能，专业课教师和实习指导教师要具有企事业单位工作经历或实践经验并达到一定的职业技能水平。"为此，中职学校多元评价在教师教学效果、课堂教学的评价上，注重了教师职业道德、专业知识和专业技能的评价。

最后，中职学校多元评价是一个自我诊断、自我发展的过程。评价不是证实，而是改进。在前文中，我们已经讨论过中职学校评价的核心环节是以素质能力评价学生、以教学效果评价教师、以贡献水平评价学校，这就需要建立学校、教师、学生通过评价而获得自我发展的机制，通过评价达到使评价对象改进的目的。中职学校多元评价"围绕社会需求评价学校的办学，促进学校课程考试与职业资格鉴定的衔接统一，提高学生综合职业素养，引导学生全面发展"的目的，较好地表明了评价的过程就是一个自我诊断、自我调整、自我发展的过程。

## 三、中职学校多元评价的理念

通过对多元评价以及中职学校多元评价内涵的分析，我们认为中职学校多元评价具有以下四个基本理念。

中职学校多元评价强调要坚持发展为本。《教育规划纲要》指出："坚持以人为本、全面实施素质教育是教育改革发展的战略主题。"这一战略主题的核心是解决好培养什么人、怎样培养人的重大问题，重点则是面向全体学生、促进学生全面发展。中职学校多元评价作为中职学校评价改革的重要内容，必须坚持以人的发展为本。为此，要坚持以教师的发展为本，坚持以学生的发展为本。对于教师的发展来讲，要通过评价，使教师做到以人格魅力、学识魅力、职业魅力来教育和感染学生，做学生职业生涯发展的指导者和健康成长的引路人；不断提升教育教学专业化水平，不断提高专业能力，不断提升文化素养和职业素养。对于学生的发展来讲，就是帮助他们树立人人皆可成才的职业教育观，培养学生的职业兴趣、学习兴趣和自信心，提高学生的就业能力、创业能力和终身学习能力。

中职学校多元评价认为要坚持德育为先。《教育规划纲要》强调："立德树人，把社会主义核心价值体系融入国民教育全过程。"《中共中央关于全面深化改革若干重大问题的决定》强调："全面贯彻党的教育方针，坚持立德树人，加强社会主义核心价值体系教育，完善中华优秀传统文化教育，形成爱学习、爱劳动、爱祖国活动的有效形式和长效机制，增强学生社会责任感、创新精神、实践能力。"在中职学校多元评价中，坚持德育为先，就是要求教师热爱职业教育事业，具有职业理想、敬业精神和奉献精神，践行社会主义核心价值体系，履行教师职业道德规范，依法执教，立德树人，为人师表，教书育人，自尊自律，关爱学生，团结协作；就是要通过理想信念教育、中国精神教育、道德品行教育、法治知识教育、职业生涯教育、心理健康教育以及时事政策教育，把学生培养成为社会主义合格公民，成为高素质劳动者和技术技能人才，成为中国特色社会主义事业的合格建设者和可靠接班人。

中职学校多元评价认为要坚持能力为重。《教育规划纲要》强调："优化知识结构，丰富社会实践，强化能力培养。着力提高学生的学习能力、实践能力、创新能力，教育学生学会知识技能，学会动手动脑，学会生存生活，学会做人做事，促进学生主动适应社会，开创美好未来。"《教育规划纲要》对坚持能力为重的要求可以简单地概括为三种能力、四个学会。三种能力就是学习能力、实践能力和创新能力；四个学会就是学会知识技能，学会动手动脑，学会生存生活，学会做人做事。中职学校多元评价这一理念要求教师要遵循职业教育规律和技术技能人才成长规律，做到在教学和育人过程中，坚持专业理论与职业实践相结合，坚持职业教育理论与教育实践相结合，坚持实践、反思、再实践、再反思，要求学生要做到职业道德、职业技能和就业创业能力的提高。

中职学校多元评价强调要坚持多元发展。中职学校多元评价认为，应该多用几把尺子衡量人的发展，而不是用一把尺子去衡量人的发展。就中职学生素质能力评价而言，既要关注他们的思想品德，又要关注他们的技术技能，还要关注他们的就业创业能力等。就教师的教学效果来讲，既涉及学生的学习效果，又涉及教师的专业理念、专业知识、专业能力等，同时还涉及教师对多种教学模式的理解与把握等。对于学校贡献水平的评价，主要是以 CIPP 评价模式（决策导向评价模式）为基本模型，探究从政策制度、教育投入、过程管理、发展水平等方面建立一个中职学校贡献水平多元评价指标体系模型。

## 第三节　中职学校评价的时代选择

中职学校多元评价的提出，是现代职业教育发展的要求，是中职学校教育评价改革的内在需要。本节将从现代中职教育的发展趋势和当下中职教育的基本走向的探讨开始，然后探讨中职学校多元评价与现代中职教育。

### 一、现代中职教育的发展趋势

中职教育培养了大量的高素质人才，较好地满足了人民群众接受职业教育的需求，满足了经济社会对高素质劳动者和技能型人才的需要。目前，全国中等职业学校达 1.2 万多所，在校生 1960 多万人，这必将为提高劳动者素质、推动经济社会发展和促进就业做出重要贡献。尽管中职教育还存在着不能完全适应经济社会发展的需要、结构不尽合理、质量有待提高、办学条件薄弱、体制机制不畅等问题,但中职教育已经进入了新的时代,其现代性在不断地彰显。

人才培养从能力本位走向人格本位。长期以来,我国的中职教育实施的是能力本位的课程与教学模式,这对中职教育的发展产生了极大的推动作用。我们应该看到,受能力本位支配的这种技术本位尽管将相应的专业知识融入操作性的技能训练中,却造成了学生的专业知识碎片化,难以做到在其他的工作情景中产生迁移;同时,这种在技能为先指导思想下的中职人才培养价值取向也在一定程度上使得学生的人文素养、公民品质、职业道德、学习能力和团队合作精神有所弱化。大家知道,在当下的经济发展模式中,人们对生产环节文明程度的要求愈来愈高,这就需要更高素质的从业人员,于是,职业道德、职业良知、职业操守就成为从业人员入职前的必修课。为此,《教育部关于深化职业教育教学改革全面提高人才培养质量的若干意见(征求意见稿)》(以下简称《人才培养质量意见》)强调:"要正确处理学生综合素质提高和职业能力培养的关系、文化基础教育和职业技能训练的关系、学生就业需求和可持续发展需求的关系。""要在保障学生技术技能培养质量的基础上,加强文化基础教育。""要加强文化课与专业课间的相互融通和配合,发挥人文学科的独特育人优势,注重学生文化素质、科学素养、综合职业能力和可持续发展能力的培养。"这就充分说明中职学校人格本位教育的重要性,中职教育在人才培养上从能力本位走向人格本位是现代职业教育回应当下经济发展的基本要求。

教学模式从教学过程走向生产过程。中职教育的传统课堂采取的是黑板加书本的授课方式,这一授课方式可以使学生获得相应的理论知识,但要提高学生的技术技能,还需以适应职业岗位需求为导向,加强实践性教学。为此,《加快发展现代职业教育决定》提出,要"推行项目教学、案例教学、工作过程导向教学等教学模式"。《示范学校建设计划》也要求:"创新教学方式,深入开展项目教学、案例教学、场景教学、模拟教学和岗位教学。"《人才培养质量意见》也认为：" 要根据不同专业教学要求和课程特点，创设多元化教学方式，普及推广项目教学、案例教学、情景教学、工作过程导向教学等。广泛运用启发式、探究式、讨论式、参与式等教学方法，充分激发学生的学习兴趣和积极性。"可见，教学模式从教学过程走向生产过程是中职教育发展的迫切要求。

办学模式从校企合作走向产教融合。长期以来，中职教育按照工学结合、校企合作、顶岗实习的要求开展了大量的工作，取得了优异的成绩，推进了中职教育的发展。但我们应该看到，中职教育在校企合作等方面还存在着体制机制不畅等问题，有的停留在口头上，甚至出现校方"热"、企业"冷"或者校企两头都冷的情况，这些难以做到专业设置与产业需求的对接，从而影响着职业教育质量的提升。为此，对于中职教育办学模式的改革而言，就是要健全企业参与制度，加强行业指导、评价和服务，鼓励多元主体组建职业教育集团，真正做到专业设置与产业需求对接，课程内容与职业标准对接，教学过程与生产过程对接，毕业证书与职业资格证书对接，职业教育与终身学习对接，这就需要产教的深度融合。可见，中职教育从校企合作走向产教融合是中职教育的本质属性所决定的。

教育内容从技能教育走向技术技能教育。目前，我国正处于创新驱动、转型发展的关键时期，而这一切依赖于科技的进步，尤其是技术的进步。技术的进步当然要依靠从业人员技术素养的提高。《加快发展现代职业教育决定》确定了我国现代职业教育的基本体系，也就是将其划分为高中、专科、本科和研究生几个阶段，这就使得职业教育培养人的目标发生了变化，因此，《加快发展现代职业教育决定》中才有这样的表述，"在保障学生技术技能培养质量的基础上，加强文化基础教育，实现就业有能力、升学有基础"。这就告诉我们，过去，我们强调培养的人才是技能型人才，而现在培养的人才则是技术技能人才，即技术型人才、技能型人才以及复合型人才，这就需要加强技术教育。大家知道，德国是制造大国，而制造大国的形成靠的是技术教育的作用。对于技术来讲，其作用表现在三个方面，一是创造物质财富；二是对客观世界的改造；三是由于技术的进步，使得人们的思维方式和生存方式发生改变。据此，我们可以得出这样的结论，技术教育不但可以给人们带来物质财富的创造，同时还可以提升人们的技术素养和创新能力，更重要的是一旦它融入民族的文化之中，就会成为强大的推进科技进步的动力。对此，《加快发展现代职业教育决定》特别提出要"强化职业教育的技术技能积累作用"。可见，中职教育从技能教育走向技术技能教育是走创新驱动强国之路的必然选择。

## 二、当下中职教育评价的基本走向

近年来，中职教育的评价研究取得了长足的进步，在评价原则、评价内容、评价主体、评价机制、评价方式等方面呈现以下几大特点。

评价原则呈现教育性。《中等职业学校德育大纲（2014年修订）》（以下简称《德育大纲》）指出："要结合学生思想实际和行为表现，对每个学生做出客观公正的品德评定。学校要把学生品德的评定情况作为学生综合素质评价的重要内容，作为学生评优评奖等的重要依据，发挥品德评定对学生成长成才的积极引导作用。"《专业教学标准意见》要求："教学评价应体现评价主体、评价方式、评价过程的多元化，注意吸收行业企业参与。校内校外评价结合，职业技能鉴定与学业考核结合，教师评价、学生互评与自我评价相结合。过程性评价与结果性评价相结合，不仅关注学生对知识的理解和技能的掌握，更要关注运用知识在实践中解决实际问题的能力水平，重视规范操作、安全文明生产等职业素质的形成，以及节约能源、节省原材料与爱护生产设备，保护环境等意识与观念的树立。"可见，中职教育评价的原则一是过程性评价与结果性评价相结合，二是他评与互评相结合，发挥的是评价对学生成长成才的积极引导作用，呈现出评价的教育性。

评价内容呈现多元性。《示范学校建设计划》提出："建立以贡献为导向的学校评价模式和以能力为核心的学生评价模式。突出技能考核学生的学习，促进学校课程考试与职业资格鉴定的衔接统一，提高学生综合职业素养,引导学生全面发展。围绕社会需求评价学校的办学,动态适应国家和当地经济社会发展需要。"《创新行动计划》要求:"创新职业教育评价考核制度,以素质能力评价学生、以教学效果评价教师、以贡献水平评价学校,基本形成教育与产业、校内与校外结合的质量评价机制。"《体系建设规划》强调:"以学习者的职业道德、技术技能水平和就业质量为核心,建立职业教育质量评价体系。""各地要加强对职业教育的督导和评估,开展以人才培养质量和服务贡献为主要内容的职业院校绩效考核。"《人才培养质量意见》也要求:"要定期开展职业院校教学工作和专业教学情况评价,把学生的职业道德、技术技能水平和就业质量作为考核学校教学质量的重要指标,积极推行技能抽查、学业水平测试、综合素质评价等。"可见,中职教育评价内容的关注重点集中在以素质能力评价学生、以教学效果评价教师、以贡献水平评价学校上。

评价主体呈现多样性。《加快发展现代职业教育决定》要求:"行业组织要履行好发布行业人才需求、推进校企合作、参与指导教育教学、开展质量评价等职责,建立行业人力资源需求预测和就业状况定期发布制度。"《教育规划纲要》强调要"吸收企业参加教育质量评估"。《示范学校建设计划》提出:"以贡献和能力为依据,按照企业用人标准构建学校、行业、企业、研究机构和其他社会组织等多方共同参与的评价机制。"《体系建设规划》强调:"完善学校、行业、企业、研究机构和其他社会组织共同参与的职业教育质量评价机制。"可见,中职教育评价主体呈现多样性,既有行业、企业,也有学校、研究机构,还有其他的社会组织。

评价机制呈现完善性。《加快发展现代职业教育决定》要求:"完善职业教育质量评价制度,定期开展职业院校办学水平和专业教学情况评估,实施职业教育质量年度报告制度。注重发挥行业、用人单位作用,积极支持第三方机构开展评估。"《教育规划纲要》指出需要"建立健全职业教育质量保障体系"。《人才培养质量意见》指出:"加强质量监测与评价。要建立国家、地方、学校三级职业教育教学质量监测体系，完善职业教育质量评价制度。""职业院校要建立和完善内部质量监测和分专业的评价制度，强化质量保障体系建设，及时向社会发布人才培养质量年度报告。 积极支持各类行业协会、专业组织等第三方机构开展教学质量评价。"可见，中职教育评价机制逐步走向完善，既有质量保障体系建设，也有教育教学质量监测体系建设，还有教育质量评价、人才培养质量与教育质量年度报告以及第三方机构开展教学质量评价制度建设等。

评价方式呈现时代性。《人才培养质量意见》要求，"积极推行技能抽查、学业水平测试、综合素质评价等"，这就需要评价方式的针对性、有效性和可操作性。 就评价方式而言，中职教育的评价方式主要有观察法（observation）、档案袋评价（portfolio assessment）、日常记录（anecdotal records）、检核表（checklist）、收集资料（collect information）、和其他教师交换意见（exchange opinion with other teachers）、交谈或座谈（interview or conferences）、专门活动（special activities）等。 可见，中职教育评价的方式多种多样，具有时代性的特征。

## 三、中职学校多元评价与现代中职教育

从现代中职教育的发展趋势以及当下中职教育评价的基本走向中我们可以看出，中职学校评价迫切需要建立在以人才培养、办学模式、教学模式、教育内容、队伍建设、内部管理为核心的中职教育发展体系之中。 现代中职教育同样也要建立促进学校、教师、学生自主发展，同时又能够自主约束的机制。 中职学校多元评价就是根据现代中职教育发展的这一要求开发的评价体系。

价值取向从一元走向多元。"价值常常是和需要联系在一起的，需要是一种摄取状态；需要总是与不足与缺乏联系在一起的；需要是在主体生存与发展过程中产生的，具有动态性。"可见，价值反映的是主、客体之间的需要与满足的关系。"价值是由客体满足主体需要的程度而决定的。 当主体在某一方面存在某种需要时，客体在某种程度上

满足了主体的需要,这就形成了客体对主体的价值。"① "职业教育价值观念主要是指对职业教育的用处、意义等的看法,反映了对职业教育的意愿和取向。"② 《教育规划纲要》强调,职业教育要"满足人民群众接受职业教育的需求,满足经济社会对高素质劳动者和技能型人才的需要"。这就决定着中职教育价值的多元性,中职教育价值的多元性也使得中职学校评价从一元走向了多元,这也是当下中职教育评价原则的教育性、评价内容的多元性、评价主体的多样性、评价机制的完善性以及评价方式的时代性的必然要求。

评价重心从外控走向校本。所谓外控评价就是指政府与教育行政部门的评价,所谓校本评价是"基于学校""在学校中""为了学校"的评价。中职学校多元评价在体系的构建上,尽管其评价的主体是多元的,但评价的主体主要是基于校本的评价,这一评价的主体形态涉及与工学结合、校企合作、顶岗实习相关的行业企业,涉及第三评价机构的社会组织、涉及学校教师以及最大利益相关者学生。它是按照《体系建设规划》的要求开展的以人才培养质量和服务贡献为主要内容的中职学校绩效评价,强化的是中职学校质量保障体系建设,提高人才培养质量和结构与行业需求的匹配度,同时鼓励企业、用人单位开展毕业生就业质量、满意度等评价。

评价过程从技能走向素养。传统中职学校的评价关注的是教师的专业能力、学生的基本技能,这样,就把评价的过程理解为对已有知识与技能的一种规范化应用过程的评价。随着时代的发展,我们注意到,现代的中职教育已在人才培养上从能力本位走向人格本位、教学模式上从教学过程走向生产过程、办学模式上从校企合作走向产教融合、教育内容上从技能教育走向技术技能教育,这就是说,现代的中职教育更加强调人的全面发展、综合素质的提高。为此,在学校的多元评价上,要注重学校对人才培养的贡献;在教师的多元评价上,要

---

① 陈玉琨.教育评价学[M].北京:人民教育出版社,1999(12):2-6.
② 秦虹,胡洁.全国职业院校技能大赛对职业教育理念和观念的影响[J].教育研究,2011(11):77.

关注教师的教学效果及课堂教学成效；在学生的多元评价上，要侧重学生的职业道德、技术技能水平和就业质量。在这样的情景下，中职学校多元评价强调的是学校、教师、学生综合素养的评价。

评价机制从他评走向自评。"自主性是学生主体性发展的核心与桥梁。它既是学生主动性发展的结果，又是向创造性发展的必由之路。"[1]中职学校多元评价在对学校、教师、学生评价环节的设计上，除了有他评的内容外，还有更多的自评环节，其目的在于促进学校、教师、学生在自我评价的基础上进行自我调整，在自我调整的基础上自我提高，从而实现自身的发展。可见，自我提高是在自我评价、自我调整的基础上最终实现的。在这一过程中，学校、教师、学生都得到了自我发展。

评价手段从物化走向育人。传统的中职学校评价也谈论人、研究人，但它们所说的人是物化的人、被动的人、唯分数是图的人。而中职学校多元评价不再把人看成是可利用的工具来对待，而是把人当作发展的主体，当作教育教学的目的来对待。《教育规划纲要》强调："关心每个学生，促进每个学生主动地、生动活泼地发展。"对此，中职学校多元评价在评价的环境上，它是民主的、平等的、开放的，而不是让学生为了避免失败或获取奖赏而进行竞争；在评价的方式上，强调民主协商、主体参与；在评价结果的运用上，要求凸显育人为本。

---

[1] 孙智昌.发展性学业成就调查何以可能[J].教育研究，2010 (12)：62-63.

# 第二章
# 中职学校多元评价的理论基础

近年来，我国职业教育事业快速发展，体系建设稳步推进，培养培训了大批中、高级技能型人才，为提高劳动者素质、推动经济社会发展和促进就业做出了重要贡献。《加强发展现代职业教育决定》在谈到强化职业教育督导评估的重要性时就明确指出："完善职业教育质量评价制度，定期开展职业院校办学水平和专业教学情况评估，实施职业教育质量年度报告制度。注重发挥行业、用人单位作用，积极支持第三方机构开展评估。"简单地讲，就是建立两个制度，即职业教育质量评价制度与职业教育质量年度报告制度；开展两项评价，即职业院校办学水平与专业教学情况评估。中职学校多元评价力图对此做一些尝试，以改善中职教育评价的现状。

为此，本章从多元智能理论、建构主义理论、发展性教育质量保障理论的讨论开始，对中职学校多元评价的理论基础做一些介绍。

## 第一节 多元智能理论与中职学校多元评价

中职学校多元评价是促进学校课程考试与职业资格鉴定的衔接统一、提高学生综合职业素养、引导学生全面发展的评价。然而，学生综合职业素养的提升和全面发展必须通过多元智能理论来加以认识。

## 一、多元智能理论概述

在第一章中，我们简单地描述了多元智能理论的基础是元认知概念的提出，而元认知概念是在"比奈-西蒙智力量表"单维理论的基础上发展而来的。由此可见，对人的智能的认识存在着智能是单一整体的能力还是多元的能力之争。认为智能是一种单一能力的，主要有早期的心理学家高尔顿（F. Galton）、比纳（A. Binet）、推孟（L. Terman）等人。而持智能多元论的有斯腾伯格、戴斯、纳格利尔里、柯尔比、斯皮尔曼（C. Spearman）、桑代克等人。其中斯皮尔曼提出的是双因素论，但实际上提出的是在 G 因素与 S 因素两层次之下的多因素观；桑代克则为用多因素理论来解释智能的第一人，他认为智能有抽象、具体、社会三种。

1983 年，加德纳提出了多元智能理论，并将其不断地发展与深化。该理论认为："智能是解决某一问题或创造某种产品的能力，而这一问题或这种产品在某一特定文化或特定环境中是被认为有价值的。"[①]在加德纳看来，人的智能有七种：语言智能（linguistic intelligence）、逻辑-数学智能（logical-mathematical intelligence）、空间智能（spatial intelligence）、肢体-运动智能（bodily-kinesthetic intelligence）、音乐智能（musical intelligence）、人际智能（interpersonal intelligence）、内省智能（intrapersonal intelligence）。在此基础上，加德纳继续研究，于 1996 年提出了第八种智能，即认识自然的智能（naturalist intelligence）。

语言智能是指在说和写中有效地运用词汇的能力，表现为个人能够顺利而高效地运用语言描述事件、表达思想并与人交流的能力。逻辑-数学智能是指有效地运用数学和推理的能力，表现为能够理解数字的本质特征、因果原则，并且能够预测事物的未来发展和使用简单的

---

[①] Gardner H. Frames of mind: the theory of multiple intelligences [M]. New York: Basic Books, 1983.

## 第二章 中职学校多元评价的理论基础

机器的能力。空间智能是指感受形式、空间、颜色、线条和形状的能力，表现为通过平面图形、立体造型表达视觉和空间的能力。肢体-运动智能是指用身体来表达思想、感情和解决问题的能力，包括以下几种身体素质：协调、灵活、速度和平衡。音乐智能是感受节奏、音高和韵律的能力，表现为个人对音乐包括节奏、音调、音色和旋律的敏感以及通过作曲、演奏和歌唱等表达音乐的能力。人际智能是指理解他人的情绪、感情、动机和目的的能力。这种能力能够以实效的方式来解决问题并做出积极有效的回应。内省智能是指了解自己的能力，这种能力可以使自己知道与他人的相似和相异之处，提醒自己应该做哪些事情及如何控制自己的情绪。① 而认识自然的智能是指对植物、矿物与动物进行识别和给它们分类的能力，包括岩石、草地和各种花卉及动物。②

在加德纳看来，八项智能的能力是每一个人所具有的，但对八项智能的综合运作方法则每个人有所不同。比如说，对大多数人来讲，都只是某些智能很发达，而某些智能发达程度则一般，其余的就处在较不发达之列了。加德纳还认为，如果给予适当的鼓励和教育，事实上每个人都能使自己的八项智能达到相当高的水平。这就说明，人的智能无所谓好坏与高低，只是存在着类型上的差异，只要我们创造适合学生的教育，就能够促进每一个学生在不同方面的发展，也就是使他们获得差异化的发展。

## 二、多元智能理论的评价理念

以上我们对多元智能理论做了进一步的论述，可以概括的是：一是这些智能都不是独立运作的，也就是说这些智能是以复杂的方式综合运作的；二是任何一项智能都不只有一种表现方式，也就说，每一

---

① Gardner H. Frames of mind: the theory of multiple intelligences [M]. New York: Basic Books, 1983.
② [美] 霍华德·加德纳.多元智能 [M].沈致隆,译.北京: 新华出版社, 1999.

项智能都可以用许多不同的方法来实现。因此，对于评价来讲，多元智能理论的评价理念主要体现在以下两个方面。

智能本位评估理念（intelligence-based assessment）。智能本位评估是由美国学者戴维·内热在他的著作《评估中的多元智能方法》（Multiple intelligence approaches to assessment）中提出来的。大家知道，当前学校的教育教学评价中存在着评价目的和功能的异化、评价内容的片面化、评价方式的单一化、评价主体的一元化以及对评价结果的解释不当等问题。这些问题的出现，都与单一智能观有关。加德纳认为，每个个体都以不同的方式学习，表现不同的智能特点和智能组合，这就要求，学校在开展教育教学评估时，要充分考虑学生学习方法的多样性，使评价做到多元化。为此，在我们对学生进行评价时，要问的是"这个学生在哪些方面聪明，而不是这个学生聪明吗"。换句话讲，就是我们对于学生的评价应从关注学生的智能有多高转向关注学生的智能类型是什么。基于这样的认识，多元智能的评价观就要求我们抛弃原有的单一的智能的评价，如评价基于语文和数学——逻辑智能上的读、写、算与纸笔测验等，要基于多元智能理论的评价理念而采取多元模式的评价。据此，我们可以说，智能本位评估这一理念是对传统学校教育评估标准化的否定，它倡导的是学校教育评估个别化、多元化的价值取向。

情境化评估理念（context-driven evaluation）。智能情境化是加德纳多元智能理论的一个重要概念，加德纳坚持智能的文化特性，认为"智能是取决于个体所存在的文化背景中已被认识或尚未被认识的潜能或倾向"，[1]在他看来，智能及学习的这种情境化就是"评估应该成为自然的学习环境中的一部分，而不是在一年学习时间的剩余部分中强制'外加'的内容，评估应在个体参与学习的情景中'轻松'地进行……不需要将它从其他的教室活动中分立出来……教师和学生无时无刻不在互

---

[1] ［美］霍华德·加德纳.多元智能[M].沈致隆,译.北京:新华出版社,1999:230.

相评估",①这就说明,评价只有在真实的情景中才有意义。 大家知道,学生的发展阶段与轨迹是在真实的情景中进行的,而在这种真实的情景之中,学生的个体差异、发展阶段和知识形式才能得以充分地显现,这时的评价才能够真实反映学生的学习及发展水平,也唯有如此,评价才能显示出改进的功能,而不是证实的功能。 在多元智能理论看来,情境化评估更强调的是过程性评价,它常常要回答这样的四个问题:学生的多元智能结构及特点是什么? 学生的学习方式是什么? 如何基于多元智能理论为学生提供更好的学习? 教师和学生在教与学的过程中如何做得更好?

## 三、中职学校多元评价的多元性

基于多元智能理论智能本位评估和情境化评估的理念,我们可以对中职学校多元评价的多元性做以下探讨。

中职学校多元评价的多元性。 多元智能理论所倡导的评价在于评价的多元化,这直接决定了中职学校多元评价的多元性。 就评价主体的多元性而言,多元智能理论强调要由教师、学生自己、其他同学及家长来进行评价,这样才能反映出学生学习与发展的真实状态;对于评价内容的多元性,多元智能理论则提倡评价要关注学生更为广泛的能力,而不仅仅是关注学生的学习成绩;在评价方式的多元性上,多元智能理论提出可以采用口头评估、实地评估、观察、档案袋评价等方式。 在第一章中,我们就提到中职学校多元评价的理论基础是多元的、内容是多元的、主体是多元的、目的是多元的等基本观点,这正是基于多元智能理论评价观的直接产物。

中职学校多元评价的真实性。 加德纳主张情境化评估,并据此提出了"学徒模式"(apprentice model)评价,这种模式是对"正式测验"模式(formal testing)的反击。 他认为,"这两种模式可以说是代表两个极端。 第一种正式测验的模式被认为是一种客观、脱离情境的

---

① 〔美〕霍华德.加德纳.多元智能[M].沈致隆,译.北京:新华出版社,1999:181.

评估形式，只强调要获得相似的结果，这种方式可以在修改后广泛采用实施。 第二种学徒模式几乎是在完全自然发生的脉络下来实施，而这种脉络蕴藏着某种特殊的技艺。 这种评价的基础是先对特殊技艺所包含的技巧加以分析，但它也可能受到主观因素的影响，包括专家个人对徒弟的观点、和其他专家的关系，或是需要其他的服务的需求……我们社会相拥抱所谓正式的测验的程度已经到了匪夷所思的地步，我极力拥护学徒制的学习和评估做法……将它引进我们的教育体系是很有贡献的事。"[1]中职学校多元评价强调要按照《加快发展现代职业教育决定》要求："推动专业设置与产业需求对接，课程内容与职业标准对接，教学过程与生产过程对接，毕业证书与职业资格证书对接，职业教育与终身学习对接。"而这五个对接恰恰要求的是中职教育在真实的情景中提升学生职业道德、技术技能、就业创业能力的再现。

中职学校多元评价的引领性。 加德纳认为，任何新的评价法都"必须具有发展的眼光，也即评估儿童在某一特定领域的知识，必须使用适合他或她在一定发展阶段的方法"，[2]在他看来，只有适合学生发展阶段的评价才是好的评价，才能使学生获益，同时还要促进学生的发展。 这样，评价不仅仅指向学生的个人能力，还指向学生的学习内容，也指向适应社会发展的能力。 从这个意义上讲，评价要成为学生学校学习与未来职业发展的纽带。 中职学校多元评价倡导的是评价主体、内容、方式等多元化的评价，注重以素质能力评价学生、以教学效果评价教师、以贡献水平评价学校，追求的是精心设计多元的评价目标、注重师德与德育建设的实效、全面提升学生的技术技能水平与教师专业能力、促进师生综合素养的提高。 总之，中职学校多元评价的引领性不仅重视对结果的评价，而且更注重对过程的评价，使评价真正促进学校、教师、学生的发展。

---

[1] David Lazear.落实多元智慧教学评量[M].郭俊贤,陈淑惠,译.台北：远流出版社，2000：103.
[2] [美]霍华德·加德纳.多元智能[M].沈致隆,译.北京：新华出版社，1999：79.

## 第二节 建构主义理论与中职学校多元评价

在第一章中,我们在对教育评价的历史回顾时,简单地探讨了教育评价建构时期的一些特点,可以看出建构主义(constructivism)理论对教育评价发展的影响,下面,我们将做进一步讨论。

### 一、建构主义理论概述

大家知道,建构主义兴起于 20 世纪 80 年代,它是一种关于学习的理论。其渊源主要有四:一是以意大利著名哲学家维柯(1668－1744 年)和德国著名哲学家康德(1724－1804 年)为代表的西方近代哲学;二是来自科学知识社会学,成就了社会性建构主义;三是来自认知科学与脑科学;四是来自科学教育学或科学教育研究。

对于什么是建构主义,不同的学者从不同的视角给予了不同的回答。有学者认为,"建构主义是一种新的认知理论,这种理论已成为国际科学教育改革中的一种主流理论",并对建构主义的要义进行了研究,提出建构主义的要义是科学知识是不能传递的,它必须由学生主动地建构。基于这一思考,强调当代科学技术的发展要求科学教育必须改革,建构主义适应了这一时代挑战,建构式科学教育有利于培养迎接这一挑战的人才。[1] 数年后,该学者继续倡导"建构主义是人类的一种认知方式,因此它具有普适性"这一认识,在其看来,建构主义的观点为探讨我国基础科学教育改革中亟须解决的主要问题,如科学观问题、有效地科学学习的问题、教师与科学课程开发问题、发现式科学教学与建构式科学教学的联系与区别问题等,提供了新的视角和思路。[2]

---

[1] 丁邦平.建构主义与面向 21 世纪的科学教育改革[J].比较教育研究,2001(8):6.
[2] 丁邦平,胡军.建构主义理论与我国基础科学教育改革的若干问题[J].比较教育研究,2005(7):1.

也有学者在认同建构主义基本上是一种知识论的基础上认为,"建构主义关于知识的性质及其形成的基本假设是:学习者是通过自身的主体性知识建构的活动,而不是被动地接受现成知识,来形成新的认识的。建构主义强调,重要的是在认识的形成过程中对于外在的认识对象不是'发现'(finding),而是'建构'(making)"。为此,他强调:"从个人建构主义转向社会建构主义是当今建构主义的发展趋势。社会建构主义主张,人是在社会文化情境中接受其影响,通过直接地(的)跟他人的交互作用来建构自己的知识的。"①

在对建构主义的内涵进行界定的基础上,学者们继续深化对建构主义的认识,探讨了关于建构主义教育思想的知识观、学习观、教学观三个层面。就建构主义知识观而言,其认为:"建构主义的知识观回答的问题是知识是什么、从哪里来及其和认识对象、认识主体的关系问题,主要是一个哲学问题。"指出:"强调知识的建构性,知识形成过程的社会协商性,即知识不是被'发现'的,而是被'发明'的,这是建构主义作为一种新知识论的共同点所在。"对于建构主义学习观,其认为:"建构主义的学习观回答的问题是人类和个体是如何学习的问题,是对学习发生过程的实然性的描述,主要是一个科学的问题。"其指出:"如果学习发生了,它常常是以建构的方式发生的,而建构是知识依赖的;即便从知识观看具有真理性、客观性的知识,学习者个体也常常需要以建构的方式去理解它,从而使之成为'自己的'知识。"关于建构主义的教学观,则认为:"建构主义的教学观基本是一个实践的问题,是要探索与建构主义知识观和/或学习观相一致的教学实践方式,是一个应然性的、规范性的问题。"指出:"在教学中注重学习对于知识和意义的主动建构、促进参与和实践、注重学习者(包括教师)之间的多种途径的交流互动以促进知识的协商,这些在本质上是与建构主义的核心知识观与学习观相一致,也同现代教育

---

① 钟启泉.知识建构与教学创新——社会建构主义知识论及其启示[J].全球教育展望,2006(8):12.

愈加注重培养具有独立思考和开拓创新能力的人的发展目标相一致。"①

国外对基于建构主义的科学教学模式进行了研究,主要集中在课题研究模式、问题解决模式、探究学习模式、情境学习模式、概念转变学习模式和社会文化模式上。对于课题研究模式,建构主义认为,它主张的是"做中学",也就是要求学生"动手做",其本质就在于这一过程是经历知识的发生过程,从而获得直接经验。就问题解决模式而言,"通过问题解决来建构知识的有效途径是采用问题解决教学模式"。而探究学习模式则是强调"以科学探究作为科学教学的中心环节"。情境学习模式主张"学习应着眼于解决生活中的实际问题,应在具体情境中进行,应借助于丰富的学习资源,应把所学的知识与一定的真实任务情境挂钩,应让学生合作解决问题"。概念转变学习模式认为"学习就是学生原有概念的转变、发展和重建,就是学生的前科学概念向科学概念的转化过程"。社会文化模式是"把学习放在广阔的社会文化背景中,体现了人文主义精神"。②

## 二、建构主义理论的评价理念

以上我们对建构主义理论进行了概述,可以明确的是:建构主义是人类的一种认知方式;作为一种认知方式,它必然会带来知识观、学习观、教学观的改变;建构主义对知识观、学习观、教学观的认识,也必然带来评价观的改变。对于建构主义来讲,其评价理念的主要体现如下。

评价是基于对话的过程。建构主义认为,评价不是单向的活动过程,而是评价双方共同围绕评价所得的信息相互对话的活动过程。这就告诉我们,要将评价置于多种的信息之中来把握被评价者的情况,

---

① 郑太年.知识观·学习观·教学观——建构主义教育思想的三个层面[J].全球教育展望,2006(5):32-36.
② 袁维新.国外基于建构主义的科学教学模式面面观[J].比较教育研究,2003(8):50-54.

要关注被评价者的各自差异,要让被评价者参与评价并明确自我评价的目标,要让被评价者对成长或学习过程做出自我评价,要让评价伴随被评价者成长全过程。

基于这一认识,在建构主义观下,教育评价发展将呈现以下几大动向(如表2-1所示)。[①] 一是评价的理念从单一评价转向多元评价;二是评价的主体从个体转向小组、从外部评价转向学习者自我评价等;三是评价内容从个别技能转向整合的技能、从个别事实转向运用知识等;四是评价情景从非情景化转向情景化;五是评价标准从无公认标尺转向公认标尺;六是评价方式从测验"目标"转向实作测验、从纸笔试题转向真实课题;七是评价结果从一种正解转向多种正解;八是评价导向从重视结果评价转向过程评价、从偶发性评价转向连续性评价、从终结性评价转向循环性评价、从教学之后转向教学过程;九是评价反馈从反馈少转向深思熟虑的反馈。

表 2-1　基于建构主义的教育评价发展动向

| 从 | 到 |
| --- | --- |
| 重视结果 | 过程评价 |
| 个别技能 | 整合的技能 |
| 个别事实 | 运用知识 |
| 纸笔试题 | 真实课题 |
| 非情景化 | 情景化 |
| 一种正解 | 多种正解 |
| 无公认标尺 | 公认标尺 |
| 个体 | 小组 |
| 教学之后 | 教学过程 |
| 反馈少 | 深思熟虑的反馈 |
| 测验"目标" | 实作测验 |
| 标准测验 | 非正式测验 |
| 外部评价 | 学习者自我评价 |

[①] 钟启泉.建构主义"学习观"与"档案袋评价"[J].课程·教材·教法,2004(10):22.

续表

| 从 | 到 |
|---|---|
| 单一评价 | 多元评价 |
| 偶发性评价 | 连续性评价 |
| 终结性评价 | 循环性评价 |

## 三、中职学校多元评价的建构性

在讨论中职学校多元评价的建构性之前，不妨回顾一下中职教育的建构性。在以上的内容中，我们曾经提到过建构主义所倡导的几种不同的教学模式，如课题研究模式、问题解决模式、探究学习模式、情境学习模式、概念转变学习模式和社会文化模式等，其中的有些内容将在第七章中进行具体探讨。这里，我们将对建构主义的范型之一——认知学徒制做一个简要介绍。

认知学徒制属于建构主义社会文化认识观点范畴，又称对待中介行为的社会文化观点范畴。它"关注学习的社会方面，更注重一定的社会文化背景中知识与学习的研究并将不同的社会实践视为知识的来源"。他们提出，"学习应该像具有一定目标的实际活动，学生在其中主动地提出问题、解决问题并在必需时获得支持，因此，我们需要这样的一种教学方式，它可以'让学生有可能在真实活动中通过对专家活动的观察、模仿进行主动学习'，这种教学方式就是认知学徒制。认知学徒制起源于20世纪80年代末，它倡导"在实现理论与实践的结合，在改造传统学校的物质设施、组织形式、教学方法、评价标准等方面，尤其是在消融传统学校与社会各行各业的界线方面掀起一场真正意义上的新世纪的学习革命与教育革命"。①认知学徒制由四个部分组成，一是内容，指向的是学科领域、启发式策略、控制策略、学习策略；二是方法，指向的是建模、教练、脚手架的搭建与拆除、清晰表述、反思、探究；三是序列，指向的是复杂性的递增、多样

---

① 高文.教育中的若干建构主义范型[J].全球教育展望，2001 (10)：4.

性的递增、全局技能先于局部技能;四是社会性,指向的是情境学习、专家实践文化、内部动机、开发性合作。这样,认知学徒制就成为现代学徒制的基础。

据此,我们可以这样讲,中职学校多元评价的建构性表现在,一是评价是评价者与被评价者之间的共同建构意义的过程;二是基于这一过程,评价就是一种价值的判断过程;三是这种价值是多元的;四是正是价值的多元性,构成了评价情景的平等性,使得评价者与被评价者之间都是平等的主体;五是既然评价是平等的,被评者也是评价的主体,也是意义建构中不可或缺的组成部分。

总之,中职学校多元评价的建构性的基本特性体现为价值多元、尊重差异;过程性体现为,在评价的过程中,评价者与被评价者之间形成一种"交互主体"的关系,因此,评价的过程就是一种民主参与、协商和交往的过程。

## 第三节 发展性教育质量保障理论与中职学校多元评价

发展性教育质量保障理论是由我国学者陈玉琨教授首先提出,并在我国中小学首先进行实验研究的。它所提出教育管理重心从外控走向校本,价值取向从一元走向多元,管理过程从知识应用走向学习发展,管理手段从物的管理走向文化,价值与道德的管理的基本观点对中职学校多元评价产生着重要的影响。

### 一、发展性教育质量保障理论概述

发展性教育质量保障(Quality Assurance for School Development,简称 QASD)理论研究源于 20 世纪 90 年代初,其研究立场主要体现为:在保障功能上,从对学校监控走向了对学校进行诊断;在保障途径上,从强调学校规范建设走向了注重学校价值引领;在保障主体上,从主要依靠外部专家走向了主要依靠学校教职员工。

对于什么是发展性教育质量保障,陈玉琨教授认为,它是学校可持续发展战略的主要措施,它以现代教育发展观为基础,以学校的发展为保障对象,以价值引领与组织学习为核心,进而保障学校的持续发展。它从学校的质量文化建设入手,不断改善学校的管理制度和发展机制,以对学校各项工作的评价为手段,根据变动着的社会需要来调整学校的发展目标,经常性地诊断学校在发展中的关键因素和发展过程、周期性地评估学校发展的成果,从而为学校发展提供日常管理的信息支持。在陈玉琨教授看来,发展性教育质量保障理论的保障对象是学校,通过学校的各种质量保障活动不断增强学校发展的潜力和发展可能,并最终将发展的潜能和可能变为发展的现实;发展性教育质量保障的基础是学校"追求卓越""崇尚一流"和"以质量为学校的生命"的质量文化;发展性教育质量保障的途径是不断完善学校的管理制度和发展机制;发展性教育质量保障的手段是对各项工作的诊断与评价。[1]

对于什么是发展性教育质量保障的理念,陈玉琨教授认为,一是发展性教育质量保障始终相信:"最好"是一时的标志,"更好"才是教育工作者的永恒追求。这样,发展性教育质量保障的基本追求就是促进学校"今天比昨天好""明天比今天好""一天比一天好""让我们做得更好";最大的价值在于帮助学校做得更好,促进学校的不断发展;最重要的特性是从注重质量、承诺发展到注重质量提升。二是发展性教育质量保障认定学校校园应该成为绿色校园,学校的教育应当成为绿色教育。认为,可持续发展的教育与可持续发展的校园需要有体制与机制的保证。三是发展性教育质量保障强调,学校的发展不仅需要外部的支持,更要靠自身的努力。它把发展学校的主要责任放在自己的身上,试图通过自身的能力来寻求发展的机遇,其中包括通过依靠

---

[1] 陈玉琨.发展性教育质量保障的理论与操作[M].北京:商务印书馆,2006:6.

自身的能力来赢得政府和社会的支持。 四是发展性教育质量保障认为，学校要重视有形资产的增加，更要重视无形资产的增值。 学校的无形资产就是学校的品牌、声誉，学校在社会中的美誉度。 五是发展性教育质量保障强调，现代学校要重视各种资源的优化配置，更要重视文化的引领。 文化引领就是态度、情感与价值观的引领，是在充分尊重教师个体选择的基础上，努力塑造学校"价值共同体"的过程。①

## 二、发展性教育质量保障理论的评价理念

以上我们对发展性教育质量保障理论的内涵与理念进行了介绍，下面对发展性教育质量保障理论的评价理念做以下探讨。

发展性教育质量保障是自我评价、自我否定、自我调整的过程。大家知道，发展性教育质量保障最大的价值在于帮助学校做得更好，促进学校的不断发展，这就需要将其看作是一个自我评价、自我否定、自我调整的过程，于是，就为学校的自主发展提供了动力与机制性的保证。 发展性教育质量保障在谈到自我评价时认为："在教育质量保障中，学校应本着以评促建的原则。 学校内部的评价不应该只是简单的自我评定等级，而更应该是自我诊断的活动，不断发现学校发展的问题及其存在的原因，使学校的建设更有针对性与实效性。"对于自我否定，发展性教育质量保障认为："追求做得更好就要求学校具有自我否定的意识。 自我否定就是能自觉地意识到自己存在的不足，有能力找到自己的不足，并敢于承认自己的不足之处，以寻求到新的发展机遇。"而自我调整则是"学校在自我评价、自我否定基础上自我调节的一种活动"。② 于是，学校通过这一周而复始的过程，促进学校的不断发展。

发展性教育质量保障是激励的过程。 发展性教育质量保障认为，学校及其学校的师生员工是可以做到自我激励的。 对于教师而言，就

---

① 陈玉琨.发展性教育质量保障的理论与操作[M].北京：商务印书馆，2006：6-8.
② 陈玉琨.发展性教育质量保障的理论与操作[M].北京：商务印书馆，2006：13-14.

是要提升他们的专业追求,把教师的教育教学过程转化为他们自身发展、不断提高的过程。对于学生来讲,就是要提升他们的人生追求,把他们的知识、技能的学习过程转化为他们自身成长的过程。

发展性教育质量保障是诊断的过程。在前文中,我们提到发展性教育质量保障是以教育评价为手段的,这也就是说,它不是以鉴定为目的的。而教育评价是"对教育活动满足社会与个体需要的程度做出判断的活动,是对教育活动现实的(已经取得的)或潜在的(还未取得,但有可能取得的)价值做出判断,以期达到教育价值增值的过程"。[1] 在发展性教育质量保障中,教育评价就是要注重对学校发展过程中各种问题的发现,并在此基础上,找到问题产生的症结,从而解决问题,以促进学校更好地发展。

## 三、中职学校多元评价的发展性

基于发展性教育质量保障理论概述及其评价理念的探讨,我们可以对中职学校多元评价的发展性做以下讨论。

注重中职学校贡献水平的多元评价。中职学校是围绕社会需求评价学校的办学,以使其动态适应国家和当地经济社会发展需要、服务经济社会发展和人的全面发展。因此,在中职学校贡献水平的多元评价中,要从背景(context)评价、输入(input)评价、过程(process)评价和成果(product)评价的视角,以学校、学生、行业企业等作为评价主体,设置其贡献水平的发展指标,以促进中职学校更好地发展。

注重中职学校教师教学效果的多元评价。中职教师的教学效果是以学生的学习成果为目的,评价的是教师在教学过程中所体现出来的与教学热情、教学组织、师生互动、师生关系、专业知识、教学管理、课程难易度等相关的行为。它是以学生、教师、行业企业、学校为评价主体,来促进教师教学水平提高的评价。

---

[1] 陈玉琨.教育评价学[M].北京:人民教育出版社,1999:7.

注重中职学校课堂教学的多元评价。 中职学校课堂教学呈现出多元的特点，一是在教学场地上呈现出多元性，传统课堂、校内外实训基地以及校外职场都可以视为课堂教学的场地。 二是在教学时间上呈现出多元性，工作任务、职业能力以及具体到某一门课程所需的时间都可以视教学内容的多少来安排其长短。 三是在教学模式上呈现出多元性，既有项目教学、又有案例教学；既有模拟教学，又有"五环四步"教学等。 这些，都要求我们关注中职学校课堂教学的多样性。 中职学校课堂教学的多元评价就是要在对项目教学、案例教学、模拟教学、"五环四步"教学等模式的内涵、特征、步骤把握的基础上，探讨其多元评价。

    注重中职学校学生素质能力的多元评价。 中职学校学生素质能力评价的主体有教师、学生以及行业企业；评价的内容主要涉及思想品德、技术技能、就业创业等。 教育是以育人为目的的，它回答的是"培养什么人"和"怎样培养人"等问题，对于中职学校人才培养来讲，首先要解决的是提高学生的思想品德质量，以增强教书育人的实效的问题。 中职学生的技术技能在职业教育质量评价体系中有着重要的地位，它业已成为考核学校教学质量的重要指标，它主要是从学生学业水平、实习实训、学习态度、技术技能水平等方面进行评价的。 中职学生就业能力的构成要素主要集中在知识要素、技能要素、个人要素和求职要素上，而创业能力则体现在创业意愿与创业精神、学习能力与创新意识、自我管理与资源获取能力、对企业运作与市场知识的了解等方面。 通过这些评价，以达到真正提升中职学生素质能力的目的，从而更好地满足他们的发展。

# 第三章
# 中职学校多元评价的整体框架与实施步骤

现代中职教育迫切需要创新职业教育评价方式，形成产教结合、外部与内部评价相结合的中职教育质量评价机制。中职学校多元评价就是在吸收现代教育评价的最新研究成果的基础上，顺应现代中职教育发展趋势，针对以素质能力评价学生、以教学效果评价教师、以贡献水平评价学校等的基本要求所开展的基础性研究。

本章将对中职学校多元评价的整体框架与实施步骤等问题做基本介绍，以期为后面章节的学习与研究奠定基础。

## ◆ 第一节　中职学校多元评价的整体框架 ◆

在第一章中，我们探讨了中职学校多元评价的内涵；在第二章中，我们讨论了中职学校多元评价的多元性、建构性以及发展性，提出了要关注中职学校贡献水平、教师教学效果、学生素质能力、课堂教学等的评价。基于这样的认识，中职学校多元评价就是由紧密相关的四个部分组成：学校贡献水平、教师教学效果、学生素质能力以及课堂教学的评价。

## 一、学校贡献水平评价

在第二章中,我们讨论中职学校多元评价的发展性时,提到了要从背景评价、输入评价、过程评价和成果评价的视角,以学校、学生、行业企业等作为评价主体设置其贡献水平的发展指标。如果将背景评价、输入评价、过程评价、成果评价作为指标的分类,那么与其对应的就是政策制度、教育投入、过程管理与发展水平。

政策制度评价主要是对中职学校的办学指导思想、学校领导力以及专业与课程的评价。就评价主体学校而言,办学指导思想评价指向学校的办学定位、办学模式;学校领导力评价指向理念能力与教职工满意度;专业与课程评价指向人才培养、课程建设、教学改革等内容。对于评价主体学生来讲,办学指导思想评价指向办学定位、办学模式;学校领导力评价指向理念能力与学生满意度;专业与课程评价指向人才培养、课程建设、教学改革等内容。就评价主体行业企业而言,办学指导思想评价办学定位与办学模式;学校领导力评价指向指向理念能力与行业企业满意度;专业与课程评价则为人才培养、课程建设与教学改革。

教育投入评价主要是对人力、财力和物力投入的评价,包括办学经费、师资队伍、实习实训、信息技术等。就评价主体学校而言,办学经费评价指向预算内教育经费、生均预算内教育事业费、生均预算内公用经费等内容;师资队伍评价则指向专任教师师生比、市级专业带头人或骨干教师的比例、"双师型"教师比例、高级专业技术职务教师比例、教师学历达标率、兼职教师比例、教师培训规模等方面;实习实训评价指向校内实训条件与校外实习基地;而信息技术评价则指向生均仪器设备值、教学用计算机拥有量。对于评价主体学生来讲,办学经费评价指向学生资助与学生免学费;对师资队伍的评价则指向学生学习成果、教师教学热情、教师教学组织、师生互动、师生关系、教师专业知识、课程难易度等;实习实训评价主要是对校内实训条件、校外实习基地的评价;对信息技术的评价主要指向仪器设备拥有量、教学用计算机拥有量。就评价主体行业企业而言，办学经费评价为师资队伍建设师均投入经费年增长率、中职生均预算内教育事业费与普通高中之比；师资队伍评价指向专任教师被企业聘用比例、"双师型"教师比例、兼职教师比例以及教师在企业接受培训规模；实习实训评价指向校内生均实训基地建筑面积、现代学徒制；信息技术评价指向数字仿真、虚拟现实等。

过程管理评价主要是对教学管理、学生管理、质量管理、安全管理等的评价。就评价主体学校而言，教学管理评价指向教学管理制度、教学管理队伍、实践教学管理；学生管理评价则包括学生管理制度、学生管理队伍、学生资助管理等方面；质量管理评价则指向质量保障制度设计、质量保障运行状态、质量保障效果等；而安全管理评价则包括应急预案、安全稳定等内容。对于评价主体学生来讲，教学管理评价指向学习与生活管理、学生的学习评价；学生管理评价指向学生管理队伍与学生管理效果；质量管理评价则为质量保障制度设计及其效果；安全管理评价则为应急预案与安全稳定。就评价主体行业企业而言，教学管理评价指向教学管理制度、教学管理队伍、实践教学管理；学生管理评价则指向学生管理制度与学生管理队伍；质量管理评价指向质量保障制度设计与质量保障效果。安全管理评价指向应急预案和安全稳定。

发展水平评价主要是对人力资源贡献、社会经济发展贡献、特色发展贡献的评价。就评价主体学校而言，人力资源贡献评价指向学生的报到率、巩固率、毕业生一次就业率、就业质量、双证书获得率、专业技能竞赛获奖等内容；社会经济发展贡献评价指向职业培训、技术服务、社会责任等；特色发展贡献评价则为改革创新与学校荣誉。对于评价主体学生来讲，对人力资源贡献的评价指向学生巩固率、毕业生一次就业率、就业质量、双证书获得率与专业技能竞赛获奖；对社会经济发展贡献的评价则为职业培训、技术服务、社会责任；对特色发展贡献的评价则为改革创新与学校荣誉。就评价主体行业企业而言，对人力资源贡献的评价指向招生、顶岗实习巩固率、职业资格证书获得率、岗位技能水平、顶岗实习的满意度、毕业生就业的满意度；对社会经济发展贡献的评价则为职业培训、技术服务；特色发展贡献评价指向改革创新与学校荣誉。

以上内容有的尽管在表述上相同，但因不同的评价主体，它们在评价内容上各有所侧重。

## 二、教师教学效果评价

《教师专业标准》指出："中等职业学校教师是履行中等职业学校教育教学工作职责的专业人员，要经过系统的培养与培训，具有良好的职业道德，掌握系统的专业知识和专业技能，专业课教师和实习指导教师要具有企事业单位工作经历或实践经验并达到一定的职业技能水平。"作为专业人员，中职教师的职业能力主要体现在教学效果上，为此，要将教学效果作为评价中职教师的主要内容。

就评价主体学生而言，评价教师的教学效果要从学生出发，围绕学习成果、教学热情、教学组织、师生互动、师生关系、专业知识、教学管理、课程难易度等方面进行评价。在这八个评价内容中，学生的学习成果是学生通过教师的教学所获得的职业道德与职业能力等方面的提升，教学热情、教学组织、师生互动、师生关系、专业知识、教学管理、课程难易度则是教师在课堂中所采取的教学行为与价值判断，而这些行为与价值判断正是影响学生学习成果的关键因素。

就评价主体教师来讲，有教师自评与互评两种方式，其内容主要包括教学态度与行为、教学设计、教学实施、教育教学评价、专业发展五个方面。教学态度与行为主要是从促进学生职业能力的形成上考量的；教学设计关注的是课程内容与职业标准的对接，教学过程与生产过程的对接；教学实施强调的是教学的有效性；教育教学评价指向的是通过评价的运用促进教育教学的改进；专业发展倡导的是教师要基于问题出发，提升自身的教学能力。

对于评价主体行业企业来说，评价教师的教学能力主要从教师的专业背景、企业实践、实习实训、专业能力四个方面来开展。教师的专业背景评价的是教师专业理论与职业实践相结合的能力；企业实践评价的是教师是否具有"双师型"教师之特质；实习实训评价的是教师在指导学生实习实训时所体现出来的教学效果；专业能力评价的是教师在课程开发与教学中所体现出来的教学效果。

就评价主体学校而言，评价教师的教学效果要从教师的职业理想、职业道德、职业态度、职业修养、职业技能、就业创业服务、教学成效七个方面来展开。这七个方面，教师的教学成效是结果性指标，而教师的职业理想、职业道德、职业态度、职业修养、职业技能、就业创业服务是过程性指标。

## 三、学生素质能力评价

没有学生的发展，就没有学校的发展。中职学生的发展主要体现在其素质能力提升上，而其素质能力评价主要涉及学生的思想品德、技术技能、就业创业能力三个方面。

思想品德评价就评价主体教师而言，主要是从学生的民族精神、理想信念、道德品质、文明行为、遵纪守法、心理健康、德育业绩来评价的。民族精神评价的是学生的民族自尊心、民族自信心、民族自豪感；理想信念评价的是学生的政治觉悟、职业观、德育课成绩；道德品质评价的是学生的集体荣誉感、人道主义精神、社会公德、家庭美德；文明行为评价的是学生的日常行为规范、仪表着装、言谈举止、爱护环境；遵纪守法评价的是学生自觉遵守学校纪律和规章制度的情况；心理健康评价的是学生应对挫折、匹配职业、适应社会等能力；德育业绩则评价的是学生的奖励与惩罚两个方面。就评价主体行业企业来讲，主要是从学生的职业理想、职业意识、职业道德、职业礼仪、职业纪律、职业岗位规范六个方面来评价。职业理想评价的是学生的立足岗位与奉献社会情况；职业意识评价的是学生的职业认知与职业情感；职业道德评价的是学生的爱岗敬业、诚实守信情况；职业礼仪评价的是学生的仪表着装与言谈举止；职业纪律评价的是学生的出勤考核与任务完成情况；职业岗位规范评价的是学生的岗位锻炼与安全文明生产情况。对于评价主体学生来说，有学生自评与互评两种方式，其内容主要是民族精神、理想信念、道德品质、文明行为、遵纪守法、心理健康六个维度。

技术技能评价是从学生的学业水平、实习实训、学习态度、技术技能水平等方面进行评价的。在学生学业水平评价上，主要是对专业（技能）方向课程与专业核心课程的学业水平进行评价。在学生实习实训的评价上，评价主体教师评价的是学生的技术技能认知、操作、创新、考核晋级等方面；行业企业则评价的是学生的模仿、仿制、精通、应用、创新等内容；而学生的自评与互评则评价的是他们的实习实训态度、任务完成情况等。在学生学习态度的评价上，评价主体教师评价的是学生的学习认知、参与程度、合作能力、学习效果等方面；行业企业则评价的是学生的交往礼仪、学习状态、职业精神等；而学生的自评与互评则评价的是他们的合作、任务完成、交流、技术技能掌握等方面。在学生技术技能水平的评价上，评价的是学生的实训项目合格证书、职业资格证书获得情况以及职业技能竞赛获奖情况。

就业能力评价主要是从学生的知识要素、技能要素、个人要素和求职要素等方面进行的。就评价主体教师而言，主要评价的是学生的就业意识、就业素质与就业行为；就评价主体行业企业而言，评价的则是学生的道德行为力、职业适应力、岗位胜任力；就评价主体学生而言，评价的则是学生的个性品质、行为能力、职业适应力、职业能力。

创业能力评价主要是从学生的创业意愿与创业精神、学习能力与创新意识、自我管理与资源获取能力、对企业运作和市场知识的了解等方面进行的。就评价主体教师而言，主要评价的是学生的创业意识、创业知识、创业行为、创业心理品质等；就评价主体行业企业而言，评价的则是学生的决策判断能力、经营管理能力、专业技术能力、创业潜在能力等；就评价主体学生而言，评价的则是学生的创业意识、创业素养、创业行为等。

## 四、课堂教学评价

在第二章中,我们曾经探讨过什么是中职学校课堂。概括地讲,中职学校课堂既可以是传统教室课堂,也可以是校内实训基地课堂,还可以是校外职场课堂;其教学时间可以是一个工作任务的教学时间,也可以是一个能力单元的教学时间,还可以是一个能力领域,甚至是一门课程的教学时间。对于中职学校课堂的评价,我们不从具体的某一课堂出发,而是从中职学校课堂教学模式的评价开始,也就是说,我们探讨的是项目教学、案例教学、模拟教学、"五环四步"教学等模式的评价。

就项目教学而言,评价主体学生评价的是项目任务确定、项目小组划分、计划制订、计划实施、检查评估、结果运用六个方面;评价主体教师评价的内容尽管也是围绕项目任务确定、项目小组划分、计划制订、计划实施、检查评估、归档与结果运用六个方面展开,但在具体评价内容上因教师、学生各自担任的角色不同而有所变化。

对于案例教学来讲,评价主体学生与教师评价的内容都是围绕案例选择、案例介绍、案例分析、意见陈述、知识整理、评价总结六个方面展开,但在具体评价内容上各有所侧重。

就模拟教学来说,评价主体学生与教师尽管评价的都是教师设计、知识准备、现场模拟、评价总结四个方面,但在具体评价内容上有着不同的指向性。

对于"五环四步"教学而言,重点则放在学生的基础能力诊断与能力发展鉴定上,对此,我们在将在第七章中做进一步介绍。

图 3-1 简略地介绍了中职学校多元评价的基本内容。

中职学校多元评价的内容体系
- 学校贡献水平
  - 政策制度
  - 教育投入
  - 过程管理
  - 发展水平
- 教师教学效果
  - 专业理念与师德
  - 专业知识
  - 专业能力
  - 学生学习效果
- 学生素质能力
  - 思想品德
  - 技术技能
  - 就业创业能力
- 课堂教学
  - 项目教学
  - 案例教学
  - 模拟教学
  - "五环四步"教学

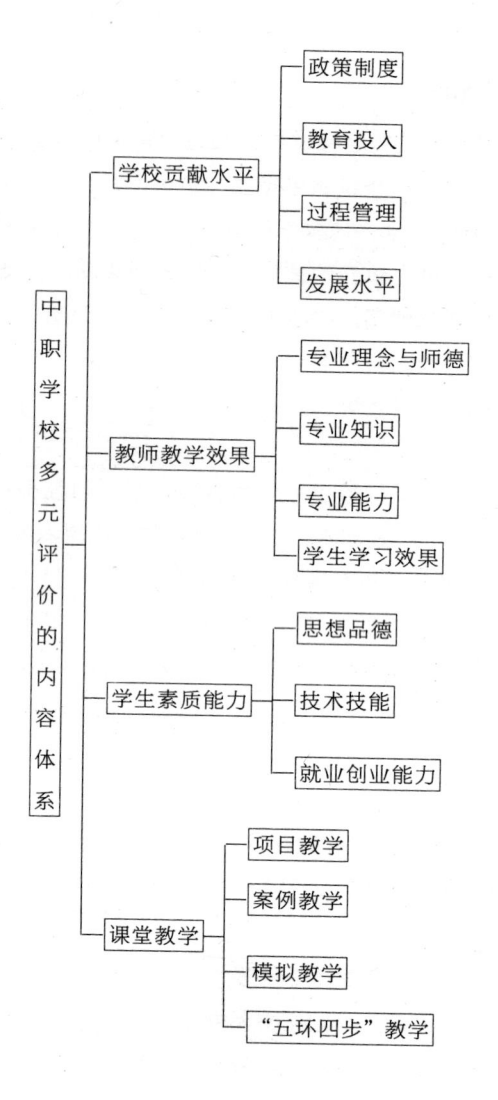

图 3-1　中职学校多元评价的基本内容

## 第二节 中职学校多元评价的实施步骤

在上一节中,我们对中职学校多元评价的主体框架进行了探讨,主要是从中职学校多元评价的内容与主体进行思考的。下面,我们将对中职学校多元评价的实施步骤做一个探讨。

### 一、中职学校多元评价的基本原则

"原则是人们所制订的思想和行动的基本规范。原则概括了以往人们在长期的实践中所积累起来的经验教训,反映了实践发展的客观要求。"[1]中职学校多元评价的原则就是中职学校在实施多元评价中所遵循的基本规范。

坚持多元性原则。中职学校多元评价的多元性原则是由其遵循的理论基础多元智能理论所决定的。在中职学校的多元评价中,无论是对学校的评价,还是对教师的评价;无论是对学生的评价,还是对课堂教学的评价,都要对他们评价的不同方面进行描述性评价,指出其优势和不足,提出指导意见和改进建议。

坚持发展性原则。中职学校多元评价的发展性原则是由其遵循的理论基础发展性教育质量保障理论所决定的。在中职学校的多元评价中,基于不同评价对象的发展是其基本的价值取向。无论是对学校贡献水平的评价,还对教师教学效果的评价;无论是对学生素质能力的评价,还是对课堂教学的评价,都要确保其发展的可持续性。因此,要看到他们的发展,引导他们的发展,激励他们的发展,这样的评价才是积极的,绝不能用评价来压制他们的发展与成长。

坚持差异性原则。就学校贡献水平评价来讲,在政策制度、教育投入、过程管理与发展水平等相关要素之间的差异是多方面的,不同

---

[1] 陈洪涛.高校思想政治理论课评价论[M].北京:中国社会科学出版社,2011:124.

评价主体因为评价内容的不同也会造成评价结果的差异；就教师教学效果评价而言，学生、教师、学校以及行业企业对其评价也会因为评价内容不同呈现出不同的特点；对于学生的素质能力评价来说，因为学生本身的差异是多方面的，绝不仅仅是技术技能的差异，它还包括思想品德、就业创业能力上的差异等。为此，在中职学校的多元评价中，要依据每一个评价对象的背景和特点，正确地判断和评价。

坚持开放性原则。中职学校多元评价的开放性原则是由其遵循的理论基础建构主义理论所决定的。在中职学校的多元评价中，评价者与被评价者之间的共同建构意义贯穿于整个评价过程，协商、民主、平等成为其评价的主旋律。为此，要运用不同形式的评价方法对各评价对象进行评价，力求做到客观全面。可以采用自己评定、小组互评、行业企业参与评价、教师综合评价等多种形式；可以是量化的，也可以是描述性的。

坚持过程性原则。"学生评价作为促进学生发展的工具，要贯穿学生学习活动的全过程。要充分利用定位评价、形成性评价、诊断性评价与终结性评价的不同功能，在学生学习的各个过程提供各种不同类型的评价服务。"①在开学初要将评价内容和标准告诉不同的评价对象，同时征求他们的意见，做好调整。在平时的教育教学活动中，要对他们各方面的表现及时记录在册，并适时通报给他们。比如对学生素质能力评价，就要鼓励他们在不同的领域中积极参与，使得具有不同特长的学生都能在不同的方面发展与成长，并将其记录在案，这样就能在小结评价时做到有据可依。

坚持可操作性原则。可操作性指的是评价指标的可取性、可比性、可测性等，其中也包括评价指标是否符合学校、教师、学生实际的要求。科学性是可操作性的前提，在中职学校的多元评价中，要反映出中等职业教育发展的规律与学生成长的规律，评价的指标体系要遵循中等职业教育的理论以及统计学的方法，评价者与被评价者都要有

---

① 陈玉琨.教育评价学[M].北京：人民教育出版社，1999：71.

严谨的科学态度等。为此，要尽可能做到正确、科学评价，做到定量与定性相结合，同时要借助信息技术手段，让评价成为学校师生员工的一种生活常态、工作常态与学习常态。

## 二、中职学校多元评价的实施过程

中职学校多元评价的实施过程主要涉及评价的常规工作与重点工作两个方面。

常规工作。中职学校多元评价的常规工作主要涉及信息技术的运用、学校发展状态调查、日常管理工作三个方面。

信息技术的运用。依据中职学校多元评价的基本思想、评价的主要内容，开发其评价平台，分为学校贡献水平评价、教师教学效果评价、学生素质能力评价、课堂教学评价四个子平台。平台应设有学校、教师、学生、行业企业等不同的权限，以便于不同评价主体的注册。在系统注册的基础上，不同评价主体可以根据系统提示，输入相关的基本信息。同时，平台要具有一定的数据统计与分析功能，以提高评价的简洁性与快捷性。

学校发展状态调查。学校发展状态调查是中职学校开展多元评价，并做出正确决策的重要依据，它主要包括学校发展状态数据、教职工状态数据、学生状态数据、课堂教学数据等。

日常管理工作。中职学校多元评价的日常管理工作主要包括每学期开学的宣传，学校贡献水平、教师教学效果、学生素质能力以及课堂教学等关键因素的评价与诊断等。

中职学校多元评价常规工作如图 3-2 常规工作图所示。

```
                    ┌─ 信息技术的运用 ─┬─ 系统注册
                    │                 └─ 基本信息输入
                    │
中职学校多元评价     │                   ┌─ 学校发展状态数据
常规工作             ├─ 学校发展状态调查 ├─ 教职工状态数据
                    │                   ├─ 学生状态数据
                    │                   └─ 课堂教学数据
                    │
                    └─ 日常管理工作 ─┬─ 多元评价宣传
                                    └─ 关键因素日常诊断
```

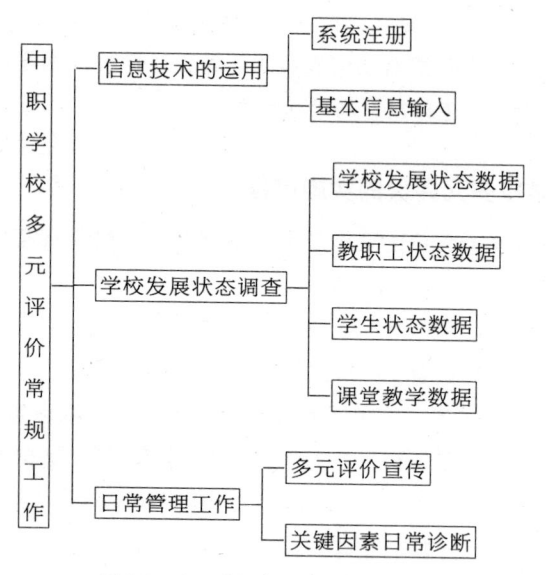

图 3-2　中职学校多元评价常规工作图

重点工作。中职学校多元评价重点工作分为三个阶段：一是启动阶段，二是深化阶段，三是巩固阶段。

在启动阶段，学校要重点做好以下三项工作。

一是学校发展规划的制订与诊断。在制订学校发展规划时，要把学校发展与当地经济社会发展紧密地结合起来，以贡献水平判断学校的发展成效。学校发展规划的制订要充分听取教师、学生、行业企业等的意见，在创新办学模式、教学模式、人才培养模式、教学内容、学校管理、教师发展上寻找突破。

二是教职工个人发展规划的制订与诊断。教职工个人发展规划要以其教学成果为主要内容，要引导教师积极探索教学模式改革，把学生职业道德与职业态度发展情况、职业技能发展情况、人文素养发展情况、就业后两年内的发展情况纳入教师教学质量评价指标体系之中。

三是学生个人成才计划的制订。学生个人成才计划要以其素质能力发展为核心，引导他们根据自己的实际情况，规划好自己的发展。

## 第三章 中职学校多元评价的整体框架与实施步骤

通过学生个人成才计划的制订，提升他们的职业道德、技术技能、就业创业水平。

在深化阶段，学校要重点做好以下四项工作。

一是建立多元评价制度。中职学校多元评价制度主要有中职学校多元评价管理制度、中职学校贡献水平评价制度、中职学校教师教学效果评价制度、中职学校学生素质能力评价制度、中职学校课堂教学多元评价制度等。这些制度要明确评价的指导思想、目的、内容、主体、方式、结果运用等，例如，中职学校多元评价管理制度为多元评价制度的制定与实施提供有效保障，包括组织领导、任务划分、评价结果使用、评价流程等。

二是分析影响学校贡献水平、教师教学效果、学生素质能力、课堂教学的关键因素，在此基础上进行有针对性的改进，以提升学校贡献水平、教师教学效果、学生素质能力与课堂教学实效。

三是制订学校贡献水平、教师教学效果、学生素质能力、课堂教学提升计划，通过评价引领学校、教师、学生的发展。

四是全面评价学校发展成果。通过多元评价，对学校开展多元评价以来的工作成果进行总结，为学校的更好发展奠定基础。

在巩固阶段，要将学校引入多元评价的各项工作之中，建立健全学校多元评价的机制，使之与学校的教育教学工作进一步结合，产生更大更好的评价效应。

图 3-3 所示为中职学校多元评价重点工作。

```
                          ┌─ 学校发展规划
                          │
               ┌─ 启动阶段 ─┼─ 教职工个人发展规划
               │          │
               │          └─ 学生个人成才计划
  中职           │
  学           │          ┌─ 多元评价制度建设
  校           │          │
  多           │          ├─ 关键因素分析改进
  元 ──────────┼─ 深化阶段 ─┤
  评           │          ├─ 学校发展提升计划
  价           │          │
  重           │          └─ 学校发展成果评价
  点           │
  工           └─ 巩固阶段 ── 全面实施多元评价
  作
```

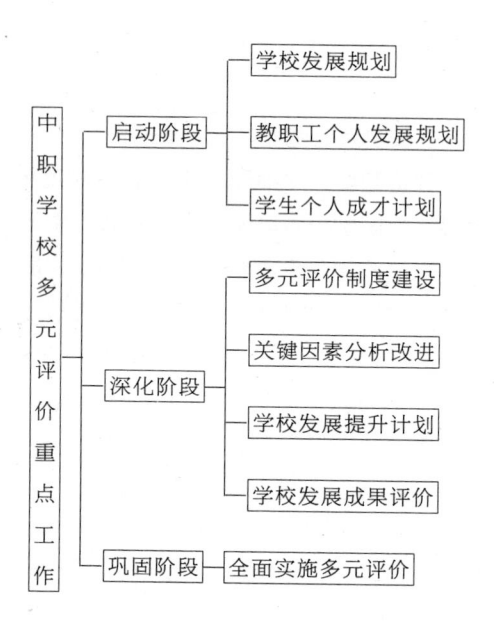

图 3-3　中职学校多元评价重点工作图

## ● 第三节　中职学校多元评价的组织体系 ●

中职学校多元评价在评价主体上涉及教师、学生、行业企业、学校等，在评价内容上涉及学校贡献水平、教师教学效果、学生素质能力、课堂教学等。要使中职学校多元评价得以有效实施，学校要建立与之相适应的组织体系。

### 一、中职学校多元评价的子系统

中职学校多元评价由保障指挥系统、信息收集系统、评价与诊断系统、信息反馈系统以及辅助系统五个系统组成。

保障指挥系统。保障指挥系统由学校校长室承担，通常是以多元评价领导小组与工作小组的形式出现。领导小组组长由校长担任，下设学校贡献水平评价工作小组、教师教学效果评价工作小组、学生素质能力评价工作小组、课堂教学评价工作小组。学校贡献水平评价小组由校长办公室负责，教师教学效果评价工作小组由学校教导处负责，学生素质能力评价工作小组由学校德育处、教导处、招生就业处共同负责，课堂教学评价工作小组由学校科研处负责。各工作小组均有专业部领导成员参与。

信息收集系统。信息收集系统由学校各评价工作小组牵头，由从事信息管理的有关人员负责。其主要职责是收集和处理来自对学校贡献水平、教师教学效果、学生素质能力、课堂教学评价活动中的信息以及来自不同评价主体，如教师、学生、行业企业等的反馈信息，为学校领导对开展多元评价做科学合理的决策提供依据。

评价与诊断系统。评价与诊断由学校分管校长牵头，成员由学校教师、学生以及行业企业有关人员组成，同时，还要吸收一些从事教育测量、统计与评价的专家参加，具体工作由学校科研处负责。其主要职责：一是对收集的学校、教师、学生、课堂等评价信息进行处理，做好甄别、分类、存储、统计与分析等工作。二是对收集的学校、教师、学生、课堂等评价信息的含义进行解读和说明。三是找出学校、教师、学生、课堂等信息所反映的问题，分析问题产生的原因，并提出相关建议。四是帮助各自评价主体找出在评价过程中存在的问题，以便更好地改进评价工作。

信息反馈系统。信息反馈系统由学校各评价工作小组、专业教学部和专职信息管理人员构成，其职责是建立信息化的评价系统，把对学校、教师、学生、课堂教学等评价处理分析后的信息及时准确地反馈给学校领导、教学管理人员、教学人员、行业企业以及被评价者本人。

辅助系统。辅助系统由学校分管校长、各评价工作小组、各专业教学部、班主任教师、任课教师、学生会等人员组成，其主要职责是培育积极的学校评价文化，促进教师、学生、行业企业等评价主体对学校、教师、学生、课堂评价的质量意识以及责任感的形成，布置学校、教师、学生、课堂评价信息收集工作以及必要的数据录入工作。

## 二、中职学校多元评价的机制

《示范学校建设计划》指出："以贡献和能力为依据，按照企业用人标准构建学校、行业、企业、研究机构和其他社会组织等多方共同参与的评价机制。"《体系建设规划》在"健全职业教育质量评价制度"部分也强调："完善学校、行业、企业、研究机构和其他社会组织共同参与的职业教育质量评价机制。"就中职学校多元评价来讲，主要建构的是教师、学生、行业企业参与的评价机制。

教师。《教师专业标准》认为："中等职业学校教师要将《教师专业标准》作为自身专业发展的基本依据。制订个人专业发展规划，爱岗敬业，增强专业发展自觉性；大胆开展教育教学改革，不断创新；积极进行自我评价，主动参加教师培训和自主研修，逐步提升专业发展水平。"并着重提出了教师要"运用多元评价方法，结合技术技能人才培养规律，多视角、全过程评价学生发展。引导学生进行自我评价和相互评价。开展自我评价、相互评价与学生对教师评价，及时调整和改进教育教学工作"。为此，在中职学校多元评价中，作为评价主体的教师要在学校贡献水平评价、学生素质能力评价、课堂教学评价中发挥主导作用，作为评价客体的教师要在教师教学效果评价中做好自评，并积极接受来自学生、同行教师、行业企业以及学校的评价。

学生。《体系建设规划》中指出："以学习者的职业道德、技术技能水平和就业质量为核心，建立职业教育质量评价体系。"为此，在中职学校多元评价中，要始终以学生的职业道德水平、技术技能水平、就业创业水平为评价的主要内容，以此评价中职学校的教育质量。作为评价主体的学生，要在学校贡献水平评价、教师教学效果评价以及课堂教学评价中发挥重要作用，要在自身的素质能力评价中，既要做好他评，又要做好自评，从而保障自身更好地发展。

行业企业。《体系建设规划》强调："构建职业教育行业指导体系，发挥行业在提供政策咨询服务、发布行业人才需求、推进校企合作、参与指导教育教学、开展质量评价等方面的重要作用。加强行业指导能力建设，各地和有关部门将适宜行业组织承担的职责通过授权委托、购买服务等方式交给行业组织，给予政策支持并强化服务监管。加强职业教育行业指导委员会和教学指导委员会建设。"为此，在中职学校多元评价中，学校要"注重发挥行业作用，支持行业协会开展职业院校人才培养质量评估，提高人才培养质量和结构与行业需求的匹配度。鼓励企业、用人单位开展毕业生就业质量、满意度等评价"。作为评价主体的行业企业无论是在学校的贡献水平评价中，还是在教师的教学效果评价上；无论是开展学生的素质能力评价，还是实施课堂教学评价，他们都是一支不可或缺的重要力量。

# 第四章
# 中职学校贡献水平多元评价

《创新行动计划》指出:"创新职业教育评价考核制度,以素质能力评价学生、以教学效果评价教师、以贡献水平评价学校,基本形成教育与产业、校内与校外结合的质量评价机制。"《示范学校建设计划》也强调:"建立以贡献为导向的学校评价模式和以能力为核心的学生评价模式。突出技能考核学生的学习,促进学校课程考试与职业资格鉴定的衔接统一,提高学生综合职业素养,引导学生全面发展。围绕社会需求评价学校的办学,动态适应国家和当地经济社会发展需要。"《体系建设规划》要求:"各地要加强对职业教育的督导和评估,开展以人才培养质量和服务贡献为主要内容的职业院校绩效考核。"可见,中职学校贡献水平直接关系到中职学校的发展取向,也直接关系到国家和当地经济社会的发展。

本章将对中职学校贡献水平多元评价的构建以及不同评价主体对中职学校贡献水平评价等问题做基本介绍,以期为这方面的研究与实践提供借鉴。

# 第一节　中职学校
# 贡献水平多元评价指标体系的构建

中职学校贡献水平评价是中职教育评价的重要组成部分。伴随着中职教育的进程，以服务贡献为主要内容的中职学校评价问题就显得越来越突出，需要我们重新给中职学校定位，在把学生的职业道德、技术技能水平和就业质量作为考核中职学校教学质量重要指标的同时，如何使中职学校服务于经济社会发展和人的全面发展，突出服务需求、就业导向，关键是要构建出科学合理的中职学校贡献水平评价指标体系，运用指标体系来客观、系统地分析中职学校对经济社会发展和人的全面发展的贡献程度。

目前，在出台的中职教育的相关文件中，均提到了要建立以贡献为导向的学校评价模式，但总体上讲，对于中职学校贡献水平的评价仅仅存在于概念层面，对于中职学校贡献水平评价指标体系的研究尚未受到足够的重视。制订不出科学合理的中职学校贡献水平评价指标体系，就无法有效地指导中职学校办学的具体实践。因此，本节试图基于CIPP评价模式的视角在中职学校贡献水平的多元评价体系的构建上进行初步的尝试。

## 一、CIPP评价模式的具体构成

CIPP评价模式是1966年由美国学者斯塔弗尔比姆（Stufflebeam D.L.）创立的，它是在泰勒以目标为中心的模式基础上形成的，由背景（context）评价、输入（input）评价、过程（process）评价和成果（product）评价组成的一种基于决策导向的教育评价模式。

背景评价考查的是"现有的目的与重点是否与使用者的需要相一致""背景评价的结果都应为调节现存的目的、优先顺序所需的变革提供坚实的基础"。① 从这个意义上讲，背景评价就是从对象的需要出发，对教育目标本身所做出的判断，是为计划、决策服务的。评价的是为实现目的所必需的、有用的事物，需要克服的困难以及解决问题的时机等。

输入评价是在背景评价基础上对实现目的所需的条件、资源以及各种方案、计划的可行性所做出的评价。它关注的是：采用了何种计划、程序和预算来满足这些需要？考虑过哪些备择方案？为什么选择此方案而不选择其他方案？所选方案的合理性程度有多大？它潜在的成功程度如何？预算资金能在多大程度上满足评定的需要？输入评价的结果是形成一个最佳方案。这个最佳方案或者是几个备择方案中的一个，或者是几个备择方案好的方面的结合。② 输入评价是为组织决策服务的。

过程评价是"为计划、方案的制订者提供反馈信息"。过程评价是"对计划实施情况的不断检查，有关活动是否按照预定计划加以实施，是否以一种有效的方式利用现有的资源。并且最初的决定在以后可能被证明有缺陷，因而，它也为修改计划提供指导"。③ 换句话讲，它要回答的问题是：方案实施的程序如何？方案本身及实施过程中要不要调整或修改？如何修改？过程评价还要求对实施过程进行全面记录，以获得文字资料信息。④ 它是为实施决策服务的。

成果评价是"测量、解释和判断教育的成就，确证人们的需要被满足的程度"。⑤ 它是为再一次的决策服务的，是对方案影响目标受众的程度做出的评价，是对方案实施成果的效用性进行的评价，用来对某一方案是否可以制度化地循环使用进行判断以及对其可推广性做出判断。

---

① 陈玉琨.教育评价学[M].北京：人民教育出版社，1999：64.
② 肖远军.CIPP 教育评价模式探析[J].教育科学，2003 (3)：43.
③ 陈玉琨.教育评价学[M].北京：人民教育出版社，1999：64.
④ 肖远军.CIPP 教育评价模式探析[J].教育科学，2003 (3)：43.
⑤ 陈玉琨.教育评价学[M].北京：人民教育出版社，1999：64.

## 二、CIPP 评价模式的选择与中职学校贡献水平多元评价的契合性

对于中职学校贡献水平多元评价而言，采用 CIPP 评价模式具有较高的一致性与契合度。

中职学校贡献水平是中职学校通过端正办学思路、有效配置资源条件、细化过程管理等，在教育产出上所具有的优势和能力，其内涵包括四个层面：中职学校政策制度、教育投入、过程管理、发展水平。

就中职学校政策制度而言，《加快发展现代职业教育决定》指出："服务经济社会发展和人的全面发展，推动专业设置与产业需求对接，课程内容与职业标准对接，教学过程与生产过程对接，毕业证书与职业资格证书对接，职业教育与终身学习对接。重点提高青年就业能力。""同步规划职业教育与经济社会发展，协调推进人力资源开发与技术进步，推动教育教学改革与产业转型升级衔接配套。突出职业院校办学特色，强化校企协同育人。"《中等职业学校校长专业标准》（以下简称《校长专业标准》）在谈到规划学校发展时指出："结合区域经济社会发展需要，立足学校办学传统和办学实际，提炼学校办学理念，办出学校特色。"这为中职学校贡献水平的评价提供了基本的原则，也规定了中职学校办学的指导思想。同时也对中职学校领导力进行了强调。

就中职学校教育投入来讲，《中等职业学校设置标准》要求："学校基本建设、实验实训设备、教师培训和生均经费等正常经费，应有稳定、可靠的来源和切实的保证。"《加快发展现代职业教育决定》强调："落实教师企业实践制度。政府要支持学校按照有关规定自主聘请兼职教师。完善企业工程技术人员、高技能人才到职业院校担任专兼职教师的相关政策，兼职教师任教情况应作为其业绩考核评价的重要内容。""推进高水平学校和大中型企业共建'双师型'教师培养培训基地。""提高信息化水平。""加大实习实训在教学中的比重，创新顶岗实习形式，强化以育人为目标的实习实训考核评价。"可见，中职

学校贡献水平与其教育投入有着直接的联系。

就中职学校过程管理而言,《中等职业学校管理规程》(教职成〔2010〕6号)对中职学校的教学管理、学生管理、质量管理、安全管理做出了明确的规定,强调要进一步加强中等职业学校管理,维护正常的教育教学秩序和生活秩序,全面提高教育教学质量和办学效益,促进中等职业教育更好地为经济社会发展服务。可见,中职学校贡献水平与其过程管理是密切相关的。

就中职学校发展水平来讲,在招生上,《教育部办公厅关于做好2013年高中阶段教育招生工作的通知》(教职成厅〔2013〕3号)强调:"各地在认真做好中职招收应届初中毕业生工作的同时,继续把往届初中毕业生、未升学普通高中毕业生、城乡劳动者、退役士兵等纳入年度招生计划,引导他们接受中等职业教育。"在就业上,《教育部关于做好中等职业学校毕业生就业服务工作的通知》(教职成〔2004〕3号)指出:"各中等职业学校要建立党政一把手负总责,亲自抓,学校职业指导部门组织实施,全体教职工共同关心支持的工作机制,充分发挥学校职业指导机构的作用,充实得力人员从事毕业生就业服务工作。""认真做好毕业生就业情况的跟踪调查与跟踪服务。学校将毕业生输送到社会就业岗位后,应及时了解学生的工作情况,建立毕业生就业档案。在一定时期内,还应帮助他们解决工作中遇到的各种问题,如为维护其合法劳动权益提供一定的法律援助,为岗位中遇到困难的学生提供一定的弥补性培训等。"在学生的技能要求上,《教育规划纲要》强调:"积极推进学历证书和职业资格证书'双证书'制度,推进职业学校专业课程内容和职业标准相衔接。"《教育部关于印发〈全国职业院校技能大赛三年规划(2013-2015年)〉的通知》(教职成函〔2013〕1号)要求:"丰富技能大赛的形式和内容,使大赛成为教学成果展示和教学资源转化的平台。""助力开创人人皆可成才、人人尽展其才的生动局面。"这些政策规定与要求,指向的是中职学校年度招生数、报到率、巩固率、就业率、就业质量与社会满意度等。

通过上述分析,我们不难发现,中职学校贡献水平的内涵要求与

CIPP 评价模式中的四种评价，即背景评价、输入评价、过程评价和成果评价基本吻合。采用 CIPP 评价模式来评价中职学校贡献水平，探寻的是如何以教育决策为导向，为中职学校管理者改进教学服务。通过这一评价形式追寻中职学校贡献水平的有效性以及贡献所达到的程度，并基于此来实现对中职教育活动的改进，为贡献水平的提高做出贡献，从而更好地实现改进的目的。

## 三、中职学校贡献水平多元评价指标体系的结构分析

基于以上对 CIPP 评价模式与中职学校贡献水平多元评价契合度的分析，我们力求建立"背景－输入－过程－成果"的系统分析框架，尝试从政策制度、教育投入、过程管理、发展水平等方面建立一个中职学校贡献水平多元评价指标体系框架，这一指标体系框架涉及四个一级指标，若干个二级指标，而三级指标要视评价主体的不同而做出相应的调整（见表4-1）。

**表 4-1 基于 CIPP 评价模式的中职学校贡献水平多元评价指标体系**

| 指标分类 | 一级指标 | 二级指标 | 三级指标 |
|---|---|---|---|
| 背景 | 政策制度 | 办学指导思想 | …… |
|  |  | 学校领导力 | …… |
|  |  | 专业与课程 | …… |
| 输入 | 教育投入 | 办学经费 | …… |
|  |  | 师资队伍 | …… |
|  |  | 实习实训 | …… |
|  |  | 信息技术 | …… |
| 过程 | 过程管理 | 教学管理 | …… |
|  |  | 学生管理 | …… |
|  |  | 质量管理 | …… |
|  |  | 安全管理 | …… |

续表

| 指标分类 | 一级指标 | 二级指标 | 三级指标 |
|---|---|---|---|
| 成果 | 发展水平 | 对人力资源的贡献 | …… |
| | | 对社会经济发展的贡献 | …… |
| | | 对特色发展的贡献 | …… |

背景评价是在当前社会环境下评定中职学校贡献水平的需求、问题、资源和机会。中职学校政策制度评价涉及中职学校的办学指导思想、学校领导力以及专业与课程等。

输入评价是在背景评价的基础上，对中职学校贡献水平所要达到预期目标所需的条件、资源以及相关方面所做出的评价。它指向人力、财力和物力的投入，包括办学经费、师资队伍、实习实训、信息技术等，它影响着中职学校贡献水平的大小。

过程评价是对中职学校教育教学实施情况的监督检查。通过这一评价方式，了解学校在教育教学的贡献上还有哪些方面存在着较大的差距，还应该在哪些方面做出改进。过程评价包括对教学管理、学生管理、质量管理、安全管理的评价等。

成果评价是对中职学校实施成果的效用性进行评价。一是对人力资源的贡献。中职学校对人力资源的贡献指向的是社会认同度与学生的技术技能水平。社会认同度包括年度招生数、报到率、巩固率、就业率、就业质量与社会满意度等。二是对社会经济发展的贡献。中职学校对社会经济发展的贡献指的是中职学校的职业培训、技术服务与承担的社会责任。职业培训是对在职员工、再就业人员、退役士兵、农民工等不同社会群体所开展的各种不同形式的培训；技术服务是指中职学校以技术、知识等教育资源为服务对象或委托方解决特定的技术问题所提供的各种服务；承担的社会责任是指与帮扶学校在专业建设、课程开发、教师培训、学生交流、资源共享、学校管理等方面所开展的合作，以及落实好退役士兵在就读中职学校上所做出的努力。三是对特色发展的贡献。中职学校特色发展贡献是指反映中职学校教育改革和发展的特色、经验和优势以及学校所获得的荣誉等。

基于以上分析，我们将在本章第二、三、四节分别从中职学校自我评价、学生评价以及行业企业评价的视角，以表4-1为基本框架，对中职学校贡献水平的多元评价做一些探讨。

## 第二节　中职学校贡献水平的学校自我评价

《体系建设规划》指出："完善职业院校治理结构、内外部约束和激励机制，确保职业院校用好办学自主权。"开展中职学校贡献水平的学校自我评价有利于建立中职学校自我诊断、自我调节、自我提高的机制，促进中职学校更好地服务当地社会经济发展。

### 一、中职学校贡献水平学校自我评价指标体系构建的原则

中职学校贡献水平学校自我评价指标体系要满足中职学校发展的实际需要，体现CIPP评价模式的要求。

要突出指标体系的系统性与逻辑性。中职学校贡献水平学校自我评价指标体系要从三个维度上来确定指标。一是中职学校贡献水平的支撑与保障。中职学校贡献水平的支撑与保障体现在中职学校的政策制度、教育投入上。二是中职学校教育教学的运行体系。作为中职学校教育教学活动的载体，涉及教学管理、学生管理、质量管理、安全管理等。三是中职学校贡献的产出。作为广义上的中职学校贡献产出，主要体现在人才培养、社会经济发展以及特色发展上。

要体现指标体系的针对性与导向性。中职学校贡献水平学校自我评价指标体系要体现出贡献水平的大小，首先要有先进的办学理念作为引领与支撑，要有保障和管理的制度作为基础。其次，指标体系要体现中职学校贡献水平的高低，要体现发展水平的所需的环境，反映出当前中职学校办校过程中的热点、难点和重点。

要体现指标体系的操作性。结合中职教育的实际情况，要体现指标体系内涵的全面性，既要有定量的数据内容，也要有定性的判断与

思考，真实地反映中职学校贡献水平的大小。

## 二、中职学校贡献水平学校自我评价指标体系的内容及标准

通过以上分析，我们根据 CIPP 评价模式构建出中职学校贡献水平学校自我评价指标体系，指标体系的内容主要围绕中等职业教育发展的政策制度、教育投入、过程管理及发展水平等方面展开（见表 4-2）。

表 4-2  中职学校贡献水平学校自我评价指标体系的内容

| 指标分类 | 一级指标 | 二级指标 | 三级指标 |
| --- | --- | --- | --- |
| 背景 | A1 政策制度（20分） | B1 办学指导思想（6分） | C1 办学定位（3分） |
| | | | C2 办学模式（3分） |
| | | B2 学校领导力（6分） | C3 理念能力（3分） |
| | | | C4 教职工满意度（3分） |
| | | B3 专业与课程（8分） | C5 人才培养（3分） |
| | | | C6 课程建设（3分） |
| | | | C7 教学改革（2分） |
| 输入 | A2 教育投入（30分） | B4 办学经费（6分） | C8 预算内教育经费（2分） |
| | | | C9 生均预算内教育事业费（2分） |
| | | | C10 生均预算内公用经费（2分） |
| | | B5 师资队伍（14分） | C11 专任教师师生比（2分） |
| | | | C12 市级专业带头人或骨干教师的比例（2分） |
| | | | C13 "双师型"教师比例（2分） |
| | | | C14 高级专业技术职务教师比例（2分） |
| | | | C15 教师学历达标率（2分） |
| | | | C16 兼职教师比例（2分） |
| | | | C17 教师培训规模（2分） |
| | | B6 实习实训（6分） | C18 校内实训条件（3分） |
| | | | C19 校外实习基地（3分） |
| | | B7 信息技术（4分） | C20 生均仪器设备值（2分） |
| | | | C21 教学用计算机拥有量（2分） |

续表

| 指标分类 | 一级指标 | 二级指标 | 三级指标 |
|---|---|---|---|
| 过程 | A3 过程管理（20分） | B8 教学管理（5分） | C22 教学管理制度（1分） |
| | | | C23 教学管理队伍（2分） |
| | | | C24 实践教学管理（2分） |
| | | B9 学生管理（5分） | C25 学生管理制度（1分） |
| | | | C26 学生管理队伍（2分） |
| | | | C27 学生资助管理（2分） |
| | | B10 质量保障（5分） | C28 质量保障制度设计（1分） |
| | | | C29 质量保障运行状态（2分） |
| | | | C30 质量保障效果（2分） |
| | | B11 安全管理（5分） | C31 应急预案（2分） |
| | | | C32 安全稳定（3分） |
| 成果 | A4 发展水平（30分） | B12 对人力资源的贡献（18分） | C33 报到率（3分） |
| | | | C34 巩固率（3分） |
| | | | C35 毕业生一次就业率（3分） |
| | | | C36 就业质量（3分） |
| | | | C37 双证书获得率（3分） |
| | | | C38 专业技能竞赛获奖（3分） |
| | | B13 对社会经济发展的贡献（6分） | C39 职业培训（2分） |
| | | | C40 技术服务（2分） |
| | | | C41 社会责任（2分） |
| | | B14 对特色发展的贡献（6分） | C42 改革创新（3分） |
| | | | C43 学校荣誉（3分） |

基于中职学校贡献水平学校自我评价指标体系的内容，我们将这些内容细化成以下的标准（见表4-3）。

表 4-3  中职学校贡献水平学校自我评价指标体系的标准

| 三级指标 | 标准 |
| --- | --- |
| C1 办学定位 | 是否根据当地社会经济发展和产业发展需要、现代职业教育发展需要,正确定位学校发展 |
| C2 办学模式 | 是否以服务社会经济发展为宗旨,优化办学资源配置,深化产教融合、校企合作,增强学校办学实力 |
| C3 理念能力 | 是否结合区域社会经济发展需要,立足学校办学传统和办学实际,提炼学校办学理念,办出学校特色 |
| C4 教职工满意度 | 领导团队是否得到教师、家长的认可 |
| C5 人才培养 | 是否以培养学生综合素质为目标,改革以学校和课堂为中心的传统人才培养模式,密切与企业等用人单位的联系,实行工学结合、校企合作、顶岗实习 |
| C6 课程建设 | 是否以人才培养对接用人需求、专业对接产业、课程对接岗位、教材对接技能为切入点,深化教学内容改革 |
| C7 教学改革 | 是否以适应职业岗位需求为导向,深入开展项目教学、案例教学、场景教学、模拟教学和岗位教学 |
| C8 预算内教育经费 | 与本区域平均水平比较 |
| C9 生均预算内教育事业费 | 是否制定本区域中职生均经费标准,与普通高中之比不低于 1 |
| C10 生均预算内公用经费 | 与本区域平均水平比较 |
| C11 专任教师师生比 | 达到 20∶1 |
| C12 市级专业带头人或骨干教师的比例 | 与本区域平均水平比较 |
| C13 "双师型"教师比例 | 不低于 60% |

续表

| 三级指标 | 标准 |
|---|---|
| C14 高级专业技术职务教师比例 | 不低于20% |
| C15 教师学历达标率 | 达到90% |
| C16 兼职教师比例 | 达到25% |
| C17 教师培训规模 | 与本区域平均水平比较 |
| C18 校内实训条件 | 校内实训基地是否覆盖所有专业，实训设施、设备是否满足学生实训需要，行业企业是否参与实训基地建设 |
| C19 校外实习基地 | 校外实训基地是否满足专业教学计划的需要，满足学生实训实习的需要 |
| C20 生均仪器设备值 | 不低于2500元 |
| C21 教学用计算机拥有量 | 每百名学生不少于15台，并与本区域平均水平比较 |
| C22 教学管理制度 | 教学管理制度是否健全、规范、执行到位，教学组织管理系统是否健全 |
| C23 教学管理队伍 | 教学管理队伍人员是否充足、结构合理、素质良好、基本稳定 |
| C24 实践教学管理 | 实习实训管理等制度是否健全 |
| C25 学生管理制度 | 学生管理机制是否健全，管理制度是否完备，学生档案管理是否规范 |
| C26 学生管理队伍 | 学生管理人员是否充足、结构合理、素质良好、基本稳定 |
| C27 学生资助管理 | 是否健全和落实中等职业教育资助与免学费政策 |

续表

| 三级指标 | 标准 |
|---|---|
| C28 质量保障制度设计 | 是否建立健全职业教育质量保障体系，吸收行业、企业等参加教育质量评估 |
| C29 质量保障运行状态 | 是否做到高质量、及时采集数据，对数据进行初步分析与运用 |
| C30 质量保障效果 | 是否围绕社会需求评价学校的办学，动态适应国家和当地社会经济发展需要；是否突出技能考核学生的学习，促进学校课程考试与职业资格鉴定的衔接统一，提高学生综合职业素养，引导学生全面发展 |
| C31 应急预案 | 是否有校园安全管理机构，学校安全管理制度和应急预案是否健全 |
| C32 安全稳定 | 学校 5 年内无重大安全事故和其他违规办事行为发生 |
| C33 报到率 | 与本区域平均水平比较 |
| C34 巩固率 | 与本区域平均水平比较 |
| C35 毕业生一次就业率 | 与本区域平均水平比较 |
| C36 就业质量 | 毕业生社会满意度高，用人单位评价良好 |
| C37 双证书获得率 | 与本区域平均水平比较 |
| C38 专业技能竞赛获奖 | 与本区域平均水平比较 |
| C39 职业培训 | 是否面向在职员工、再就业人员、退役士兵、农民工等不同群体开展各种不同形式的培训，培训效果是否良好 |
| C40 技术服务 | 是否主动服务地方经济建设，开展多层次、多形式的技术服务，并产生一定的经济效益 |
| C41 社会责任 | 是否建立辐射机制，带动农村、西部和民族地区薄弱学校共同发展，是否招收退役士兵，实行注册入学 |
| C42 改革创新 | 是否有反映本区域中等职业教育发展的特色、经验和优势 |
| C43 学校荣誉 | 近 5 年来取得的美誉度较高、影响力较大的表彰 |

## 三、中职学校贡献水平学校自我评价指标体系的运用

中职学校贡献水平学校自我评价旨在确定学校办学的主体地位，促进学校围绕社会需求评价学校的办学，在动态适应国家和当地社会经济发展需要的基础上形成自我设计与实践、自我监控与调整、自我发展与完善的内在机制，为判断学校贡献水平和调整发展对策提供科学依据。

科学分析判断中职学校贡献水平在区域中的定位。中职教育的发展水平始终与当地社会经济发展和产业发展水平紧密相连，为此，要保证职业教育规模、专业设置与国民经济和社会发展需求相适应。在中职学校贡献水平学校自我评价指标体系中，我们选择了与本区域平均水平相比较的指标，如预算内教育经费、生均预算内公用经费、市级专业带头人或骨干教师的比例、教师培训规模、报到率、巩固率、毕业生一次就业率、双证书获得率、专业技能竞赛获奖等指标，据此来判断中职学校贡献水平在区域中的相对位置。

定量评价与定性评价相结合。对于中职学校贡献水平评价，仅仅依靠部分刚性数据难以全面、科学、客观地分析一个学校的贡献水平，还需要一些定性的指标。在中职学校贡献水平学校自我评价指标体系中，我们除了选择一些诸如专任教师师生比、"双师型"教师比例、教师学历达标率、兼职教师比例、生均仪器设备值、教学用计算机拥有量等定量指标外，还选取了诸如办学定位、办学模式、理念能力、改革创新等可以结合综合数据来分析判断中职学校贡献水平的指标。

发挥评价指标体系的诊断、预警功能。中职学校贡献水平评价指标体系的开发，目的在于建立以贡献为导向的学校评价模式。为此，要注重将学校发展需求与社会发展需求、学生的发展需求紧密结合，发挥评价指标体系的诊断、预警功能，积极引导学校依据自身的发展基础确定贡献的大小，增强学校不断提升服务社会经济发展的内在动力和逐步向更高层次目标奋进的自信心。

## 第三节 中职学校贡献水平的学生评价

《示范学校建设计划》指出:"以培养学生综合素质为目标,重点加强职业道德教育、职业技能训练和学习能力培养。""立足校企资源共享、互利共盈,促进校园文化和企业文化紧密结合,促进知识学习、技能实训、工作实践和职业鉴定等功能的整合,推动教、学、做的统一,实现学生全面发展。"可见,中职学校贡献水平终极目标就是促进学生的全面发展,为此,必须开展中职学校贡献水平的学生评价。

### 一、中职学校贡献水平学生评价指标体系构建的原则

《人才培养质量意见》指出:"要定期开展职业院校教学工作和专业教学情况评价,把学生的职业道德、技术技能水平和就业质量作为考核学校教学质量的重要指标,积极推行技能抽查、学业水平测试、综合素质评价等。"据此,中职学校贡献水平学生评价就是要从学生的全面发展出发来构建中职学校贡献水平学生评价的指标体系,它遵循的基本原则如下。

发展性原则。 中职学校贡献水平学生评价是以促进学生全面发展为目的的评价活动,为此,要着眼于学生全面发展的需求,注重将学生的发展与学校的贡献水平紧密结合起来。 通过学生的评价,让学生分享学校对社会经济发展贡献的同时,使他们自身获得更好的发展。

整体性原则。 中职学校贡献水平学生评价把学校贡献水平作为一个有机整体,基于 CIPP 评价模式,重视评价对象发展背景、输入、过程、结果之间的关系,强调对这四者之间相互关系的考查,从而对学校贡献水平的态势做出客观、合理的价值判断。

民主性原则。 中职学校贡献水平学生评价是学生对学校贡献水平的一种民主评价方式,它可以是一种协商,也可以是一种督促。 通过评价,使得学校与学生之间建立相互信任、共同合作的关系,创设平

等合作、协同发展、相互促进的教与学的氛围，使其贯穿于评价的整个过程，以提升学校发展能力以及学生自主发展能力。

全面性原则。中职学校贡献水平学生评价是把学生的职业道德、技术技能和就业质量作为考核学校贡献水平的重要指标，为此，要运用多种评价工具，对学生职业道德水平、技术技能水平和就业能力水平等进行评价，追寻学生这些能力得以发展的环境、因素等。

## 二、中职学校贡献水平学生评价指标体系的内容及标准

通过以上分析，我们根据 CIPP 评价模式构建中职学校贡献水平学生评价指标体系，指标体系的内容主要围绕中等职业教育发展的政策制度、教育投入、过程管理以及发展水平等方面展开（见表 4-4）。

表 4-4 中职学校贡献水平学生评价指标体系的内容

| 指标分类 | 一级指标 | 二级指标 | 三级指标 |
| --- | --- | --- | --- |
| 背景 | A1 政策制度（20 分） | B1 办学指导思想（6 分） | C1 办学定位（3 分） |
| | | | C2 办学模式（3 分） |
| | | B2 学校领导力（6 分） | C3 理念能力（3 分） |
| | | | C4 学生满意度（3 分） |
| | | B3 专业与课程（8 分） | C5 人才培养（3 分） |
| | | | C6 课程建设（3 分） |
| | | | C7 教学改革（2 分） |

续表

| 指标分类 | 一级指标 | 二级指标 | 三级指标 |
|---|---|---|---|
| 输入 | A2 教育投入（30分） | B4 办学经费（6分） | C8 学生资助（3分） |
| | | | C9 学生免学费（3分） |
| | | B5 师资队伍（14分） | C10 学生学习成果（2分） |
| | | | C11 教师教学热情（2分） |
| | | | C12 教师教学组织（2分） |
| | | | C13 师生互动（2分） |
| | | | C14 师生关系（2分） |
| | | | C15 教师专业知识（2分） |
| | | | C16 课程难易度（2分） |
| | | B6 实习实训（6分） | C17 校内实训条件（3分） |
| | | | C18 校外实习基地（3分） |
| | | B7 信息技术（4分） | C19 仪器设备拥有量（2分） |
| | | | C20 教学用计算机拥有量（2分） |
| 过程 | A3 过程管理（20分） | B8 教学管理（5分） | C21 学习与生活管理（2分） |
| | | | C22 学生的学习评价（3分） |
| | | B9 学生管理（5分） | C23 学生管理队伍（2分） |
| | | | C24 学生管理效果（3分） |
| | | B10 质量管理（5分） | C25 质量保障制度设计（2分） |
| | | | C26 质量保障效果（3分） |
| | | B11 安全管理（5分） | C27 应急预案（2分） |
| | | | C28 安全稳定（3分） |
| 成果 | A4 发展水平（30分） | B12 对人力资源的贡献（18分） | C29 巩固率（3分） |
| | | | C30 毕业生一次就业率（4分） |
| | | | C31 就业质量（3分） |
| | | | C32 双证书获得率（4分） |
| | | | C33 专业技能竞赛获奖（4分） |
| | | B13 对社会经济发展的贡献（6分） | C34 职业培训（2分） |
| | | | C35 技术服务（2分） |
| | | | C36 社会责任（2分） |
| | | B14 对特色发展的贡献（6分） | C37 改革创新（3分） |
| | | | C38 学校荣誉（3分） |

# 第四章 中职学校贡献水平多元评价

基于中职学校贡献水平学生评价指标体系的内容,我们将这些内容细化成以下的标准(见表4-5)。

**表4-5 中职学校贡献水平学生评价指标体系的标准**

| 三级指标 | 标准 |
| --- | --- |
| C1 办学定位 | 是否以促进就业为导向,适应技术进步和生产方式变革以及社会公共服务的需要;是否促进职业教育公平,着力保障困难群体平等接受职业教育 |
| C2 办学模式 | 是否汇集行业企业力量,建立学校发展共同目标,形成学校发展合力 |
| C3 理念能力 | 是否把立德树人作为中等职业学校教育的根本任务,把德育工作摆在素质教育的首要位置,全面加强学校德育体系建设 |
| C4 学生满意度 | 领导团队是否得到学生的认可 |
| C5 人才培养 | 是否坚持产教融合、校企合作、工学结合、知行合一,面向全体学生,因材施教,在保障学生技术技能培养质量的基础上,加强文化基础教育 |
| C6 课程建设 | 是否遵循职业教育教学规律和技术技能人才成长规律,着力培养学生的职业道德、职业精神、职业技能和就业创业能力 |
| C7 教学改革 | 是否以适应职业岗位需求为导向,加强实践教学,着力促进知识传授与生产实践的紧密衔接 |
| C8 学生资助 | 是否健全和落实中等职业教育资助政策,获得国家助学金的中职学生数占在校生总数的比例 |
| C9 学生免学费 | 是否健全和落实中等职业教育免学费政策,免学费的中职学生数占在校生总数的比例 |
| C10 学生学习成果 | 通过老师的教学,学生的职业道德、职业精神、职业技能和就业创业能力是否得到提高 |
| C11 教师教学热情 | 教师教学热情是否高涨,是否促进学生积极思考,是否富有感染性 |
| C12 教师教学组织 | 教师的教学组织是否便于学生理解,保持兴趣 |
| C13 师生互动 | 师生之间是否有良性互动 |
| C14 师生关系 | 师生之间关系是否融洽 |
| C15 教师专业知识 | 教师专业知识与能力是否满足学生发展需要 |
| C16 课程难易度 | 教师讲课内容、快慢、深浅度是否适中 |
| C17 校内实训条件 | 是否为学生提供必要的实习条件和安全健康的实习劳动环境 |

续表

| 三级指标 | 标准 |
| --- | --- |
| C18 校外实习基地 | 是否与实习单位共同制订实习计划;是否建立辅导员制度,维护学生的合法权益,确保学生在实习期间的人身安全和身心健康 |
| C19 仪器设备拥有量 | 是否满足学生教学、实践需要 |
| C20 教学用计算机拥有量 | 是否满足学生教学、实践需要 |
| C21 学习与生活管理 | 老师是否能为学生的学习和生活提供帮助 |
| C22 学生的学习评价 | 老师对学生学习的评价是否公平公正,并能接受学生对其评价 |
| C23 学生管理队伍 | 学生管理队伍是否充足、规范 |
| C24 学生管理效果 | 学生管理效果是否井然有序 |
| C25 质量保障制度设计 | 是否探索学生综合素质的多种评价方式,健全技能竞赛制度 |
| C26 质量保障效果 | 是否达到了提高学生综合职业素养,引导学生全面发展的目的 |
| C27 应急预案 | 是否严格执行学校安全管理制度,应急预案是否健全 |
| C28 安全稳定 | 学校是否使学生具有安全感 |
| C29 巩固率 | 95%以上 |
| C30 毕业生一次就业率 | 90%以上 |
| C31 就业质量 | 90%的同学都能找到比较好的工作 |
| C32 双证书获得率 | 双证书获得人数一年比一年多 |
| C33 专业技能竞赛获奖 | 大多数同学都能获得各种级别的专业技能竞赛奖 |
| C34 职业培训 | 是否面向在职员工、再就业人员、退役士兵、农民工等不同群体开展各种不同形式的培训 |
| C35 技术服务 | 是否开展多层次、多形式的技术服务,并产生一定的经济效益 |
| C36 社会责任 | 是否招收退役士兵,实行注册入学 |
| C37 改革创新 | 是否有反映本专业发展的特色、经验和优势 |
| C38 学校荣誉 | 学校近5年来取得的美誉度较高、影响力较大的表彰 |

### 三、中职学校贡献水平学生评价指标体系的运用

中职学校贡献水平学生评价旨在确定学生对学校贡献水平的认可度，亦即通过中职学校人才培养的质量来增强其服务社会经济发展的能力，从而提升其对国家发展的贡献率。

贯穿一个主线。中职学校贡献水平学生评价的主线就是以培养学生综合素质为目标，关注其在学生职业道德教育、职业技能训练和学习能力培养上的贡献。为此，在指标体系的运用上，以学生发展为视角，坚持以评价来引领他们的全面发展。例如，在办学定位、办学模式、理念能力等指标运用上，中职学校贡献水平学生评价就要从促进就业、促进职业教育公平、形成学校发展合力、立德树人等方面来进行评价。

抓住一个关键。教师要做学生成长的引路人，中职学校教师队伍是促进学生发展的关键。对师资队伍的评价，就是要站在学生的立场，从学生学习成果、教师教学热情、教师教学组织、师生互动、师生关系、教师专业知识等方面来评价教师队伍的专业发展状况。

把握一个重点。中职学校贡献水平学生评价其重点就在于学生在中职学校学习过程中的获得感，这种获得感就是学生在学校实实在在的成长与进步。为此，在指标的运用上，除了从巩固率、毕业生一次就业率、双证书获得率、专业技能竞赛获奖等指标上去把握外，还要从学生满意度、校内实训条件、学生的学习评价上去把握。

## 第四节 中职学校贡献水平的行业企业评价

《体系建设规划》指出："加强行业指导、企业参与。构建职业教育行业指导体系，发挥行业在提供政策咨询服务、发布行业人才需求、推进校企合作、参与指导教育教学、开展质量评价等方面的重要作用。加强行业指导能力建设，各地和有关部门将适宜行业组织承担

的职责通过授权委托、购买服务等方式交给行业组织，给予政策支持并强化服务监管。 加强职业教育行业指导委员会和教学指导委员会建设。 通过法制建设、政策引导、考核评价等多种途径进一步落实企业参与校企合作、支持学生实习实训、开展职工继续教育的责任。"可见，行业指导、企业参与是中职学校发展的重要力量，中职学校贡献水平行业企业评价就是要从行业企业参与中职教育的角度来构建中职学校贡献水平行业企业评价的指标体系。

## 一、中职学校贡献水平行业企业评价指标体系构建的原则

《加快发展现代职业教育决定》指出："推动专业设置与产业需求对接，课程内容与职业标准对接，教学过程与生产过程对接，毕业证书与职业资格证书对接，职业教育与终身学习对接。"为此，中职学校贡献水平行业企业评价指标体系的构建要坚持以下四个原则。

坚持市场引导。 中职学校贡献水平行业企业评价指标体系的构建，要充分发挥市场机制作用，以市场为引导，以立德树人、促进学生的全面发展为根本任务，在提升中职教育优质资源上下功夫，在激发中职学校发展活力上做文章。 通过指标体系的构建，促进中职教育与社会经济发展需求的紧密结合，从而对社会经济发展做出中职学校应有的贡献。

坚持就业导向。 中职学校贡献水平行业企业评价指标体系的构建，要从专业设置出发，在人才培养模式、教学模式、办学模式、教育内容、队伍建设、内部管理等方面充分体现就业导向。 通过指标体系的构建，在服务社会经济发展的同时，服务好学生的全面发展，从而提升学生的就业能力。

坚持合作共赢。 中职学校贡献水平行业企业评价指标体系的构建，要坚持中职学校与企业这两个育人主体；在教学上，坚持学校教师和企业师傅双导师共同教学；要明确学生在企业是企业员工，在中职学校是学生的双重身份。 通过指标体系的构建，引导学校与企业形成联合招生、联合培养、一体化育人的长效机制，从而更好地体现中

职学校的贡献水平。

坚持特色发展。《示范学校建设计划》要求，中等职业教育改革发展示范学校要"成为全国中等职业教育改革创新的示范、提高质量的示范和办出特色的示范，在中等职业教育改革发展中发挥引领、骨干和辐射作用"。为此，要做到人才培养与技术进步相结合，教育教学改革与产业转型升级相结合。通过指标体系的构建，引导中职学校办出特色，在校企协同育人中凸显贡献水平。

## 二、中职学校贡献水平行业企业评价指标体系的内容及标准

通过以上分析，我们根据 CIPP 评价模式构建中职学校贡献水平行业企业评价指标体系，指标体系的内容主要围绕中等职业教育发展的政策制度、教育投入、过程管理及发展水平等方面展开（见表 4-6）。

表 4-6　中职学校贡献水平行业企业评价指标体系的内容

| 指标分类 | 一级指标 | 二级指标 | 三级指标 |
| --- | --- | --- | --- |
| 背景 | A1 政策制度（20 分） | B1 办学指导思想（6 分） | C1 办学定位（3 分） |
| | | | C2 办学模式（3 分） |
| | | B2 学校领导力（6 分） | C3 理念能力（3 分） |
| | | | C4 行业企业满意度（3 分） |
| | | B3 专业与课程（8 分） | C5 人才培养（3 分） |
| | | | C6 课程建设（3 分） |
| | | | C7 教学改革（2 分） |

续表

| 指标分类 | 一级指标 | 二级指标 | 三级指标 |
| --- | --- | --- | --- |
| 输入 | A2 教育投入（30分） | B4 办学经费（6分） | C8 师资队伍建设师均投入经费年增长率（3分） |
| | | | C9 中职生均预算内教育事业费与普通高中之比（3分） |
| | | B5 师资队伍（14分） | C10 专任教师被企业聘用比例（3分） |
| | | | C11 "双师型"教师比例（4分） |
| | | | C12 兼职教师比例（4分） |
| | | | C13 教师在企业接受培训规模（3分） |
| | | B6 实习实训（6分） | C14 校内生均实训基地建筑面积（3分） |
| | | | C15 现代学徒制（3分） |
| | | B7 信息技术（4分） | C16 数字仿真（2分） |
| | | | C17 虚拟现实（2分） |
| 过程 | A3 过程管理（20分） | B8 教学管理（5分） | C18 教学管理制度（1分） |
| | | | C19 教学管理队伍（2分） |
| | | | C20 实践教学管理（2分） |
| | | B9 学生管理（5分） | C21 学生管理制度（2分） |
| | | | C22 学生管理队伍（3分） |
| | | B10 质量管理（5分） | C23 质量保障制度设计（2分） |
| | | | C24 质量保障效果（3分） |
| | | B11 安全管理（5分） | C25 应急预案（2分） |
| | | | C26 安全稳定（3分） |
| 成果 | A4 发展水平（30分） | B12 对人力资源的贡献（18分） | C27 招生（3分） |
| | | | C28 顶岗实习巩固率（3分） |
| | | | C29 职业资格证书获得率（3分） |
| | | | C30 岗位技能水平（3分） |
| | | | C31 顶岗实习的满意度（3分） |
| | | | C32 毕业生就业的满意度（3分） |
| | | B13 对社会经济发展的贡献（6分） | C33 职业培训（3分） |
| | | | C34 技术服务（3分） |
| | | B14 对特色发展的贡献（6分） | C35 改革创新（3分） |
| | | | C36 学校荣誉（3分） |

## 第四章 中职学校贡献水平多元评价

基于中职学校贡献水平行业企业评价指标体系的内容，我们将这些内容细化成以下的标准（见表4-7）。

**表4-7 中职学校贡献水平行业企业评价指标体系的标准**

| 三级指标 | 标准 |
| --- | --- |
| C1 办学定位 | 是否汇集行业企业力量，建立学校发展共同目标，形成学校发展合力 |
| C2 办学模式 | 是否推进校企合作制度化，推动行业企业参与教学改革 |
| C3 理念能力 | 是否坚持产教融合、校企合作、工学结合、知行合一 |
| C4 行业企业满意度 | 领导团队是否得到行业企业的认可 |
| C5 人才培养 | 是否促进校园文化和企业文化紧密结合，促进知识学习、技能实训、工作实践和职业鉴定等功能的整合，推动教、学、做的统一，实现学生全面发展 |
| C6 课程建设 | 是否注重行业企业专业技术人员的参与，积极推进职业教育教学改革与创新；是否做到专业设置与产业需求对接，课程内容与职业标准对接 |
| C7 教学改革 | 是否做到教学过程与生产过程对接 |
| C8 师资队伍建设师均投入经费年增长率 | 与本区域平均水平比较 |
| C9 中职生均预算内教育事业费与普通高中之比 | 是否与普通高中之比不低于1 |
| C10 专任教师被企业聘用比例 | 与本区域平均水平比较 |
| C11 "双师型"教师比例 | 不低于60% |
| C12 兼职教师比例 | 达到25% |
| C13 教师在企业接受培训规模 | 与本区域平均水平比较 |
| C14 校内生均实训基地建筑面积 | 与本区域平均水平比较 |
| C15 现代学徒制 | 是否开设现代学徒制培养的专业，实现校企一体化育人 |

续表

| 三级指标 | 标准 |
|---|---|
| C16 数字仿真 | 是否通过数字仿真在教学中普遍应用信息化方式,增强教学的实践性、针对性和实效性 |
| C17 虚拟现实 | 是否在教学中普遍应用虚拟现实的现代信息化方式 |
| C18 教学管理制度 | 教学管理制度是否和行业企业一起共同制定 |
| C19 教学管理队伍 | 教学管理队伍人员是否有行业企业人员参加 |
| C20 实践教学管理 | 实习实训管理等制度是否与行业企业共同制定,并有行业企业人员参与管理 |
| C21 学生管理制度 | 学生管理机制是否健全,管理制度是否和行业企业共同制定 |
| C22 学生管理队伍 | 学生管理人员是否有行业企业人员参加 |
| C23 质量保障制度设计 | 是否与行业企业一起建立健全职业教育质量保障体系,吸收行业企业等参加教育质量评估 |
| C24 质量保障效果 | 是否实现校企一体化育人 |
| C25 应急预案 | 是否与行业企业制订了实习实训的应急预案 |
| C26 安全稳定 | 实习实训 5 年内无重大安全事故和其他违规办事行为发生 |
| C27 招生 | 是否积极推进招生与招工一体化,做到"招生即招工、入校即入厂、校企联合培养" |
| C28 顶岗实习巩固率 | 与本区域平均水平比较 |
| C29 职业资格证书获得率 | 与本区域平均水平比较 |
| C30 岗位技能水平 | 与本区域平均水平比较 |
| C31 顶岗实习的满意度 | 与本区域平均水平比较 |
| C32 毕业生就业的满意度 | 与本区域平均水平比较 |
| C33 职业培训 | 是否面向企业行业在职员工开展各种不同形式的培训,培训效果是否良好 |
| C34 技术服务 | 是否为企业行业开展多层次、多形式的技术服务,并产生一定的经济效益 |

续表

| 三级指标 | 标准 |
|---|---|
| C35 改革创新 | 是否有反映行业企业参与中等职业教育发展的特色、经验和优势 |
| C36 学校荣誉 | 近 5 年来在校企合作、工学结合上取得的美誉度、影响力较大的表彰 |

## 三、中职学校贡献水平行业企业评价指标体系的运用

中职学校贡献水平行业企业评价是深化产教融合、校企合作的有效抓手,也是推进工学结合、知行合一的必然途径,旨在通过行业企业的深度参与,使得中职学校更加适应技术进步、生产方式变革以及社会公共服务的需要,从而有效地提升中职学校的贡献水平。为此,在中职学校贡献水平行业企业评价指标体系的运用上要注意以下几个方面。

中职学校贡献能力的提升离不开行业企业的全程参与。职业教育的职业性决定着中职教育必须采用校企结合、工学结合、顶岗实习的人才培养方式,离不开行业企业的全程参与是由其本质属性所决定的。为此,在指标体系的运用上,要坚持与行业企业的深度融合,如在办学定位、办学模式、理念能力等指标运用上,就要站在行业企业的视角来检视中职教育的合理性、针对性与可行性。

中职学校贡献能力的提升离不开深化人才培养模式的改革。职业教育的技术技能性决定着中职教育人才培养需要围绕教、学、做的统一不断地深化。这种深化需要中职学校和合作企业共同研制人才培养方案、开发课程和教材、设计实施教学、组织考核评价、开展教学研究等。为此,在指标体系的运用上,要立足融合,如在课程建设、教学改革、质量保障制度设计、现代学徒制等指标的运用上,就要站在行业企业的立场,真正实现校企一体化育人。

中职学校贡献能力的提升离不开专兼结合的师资队伍建设。《加快发展现代职业教育决定》要求:"落实教师企业实践制度。政府要支持学校按照有关规定自主聘请兼职教师。完善企业工程技术人员、高

技能人才到职业院校担任专兼职教师的相关政策，兼职教师任教情况应作为其业绩考核评价的重要内容。"为此，在指标体系的运用上，要针对教师队伍建设，从专任教师被企业聘用比例、"双师型"教师比例、兼职教师比例、教师在企业接受培训规模等方面对其有一个基本的评价。

中职学校贡献能力的评价需要坚持定量评价与定性评价相结合。在中职学校贡献水平行业企业评价指标体系中，我们除了选择一些诸如行业企业的满意度、毕业生就业的满意度、顶岗实习的满意度、师资队伍建设师均投入经费年增长率、"双师型"教师比例、兼职教师比例、专任教师被企业聘用比例等定量指标外，还选取了诸如办学定位、办学模式、理念能力、人才培养、课程建设、教学改革、改革创新等可以结合综合数据来分析判断中职学校贡献水平的指标。

以上我们分别从学校、学生、行业企业的角度探讨了中职学校贡献水平的多元评价，如果在各自评价主体评价结果的基础上，分别对其赋予不同的权重，就可以计算出某校在某一阶段的贡献水平的评价得分。假如我们对学校、学生、行业企业评价分别赋予 0.40，0.30，0.40 的权重，则某校在某一阶段的贡献水平评价得分为各自评价主体的评价得分乘以各自的权重之和。表 4-8 为中职学校贡献水平评价情况汇总表。

**表 4-8　中职学校贡献水平评价情况汇总表**

被评学校：_____　　　　　　　　评价时间：_____

| 学校自评<br>（0.40） | 学生评价<br>（0.30） | 行业企业评价<br>（0.40） | 总分 | 备注 |
|---|---|---|---|---|
|  |  |  |  |  |

# 第五章
# 中职教师教学效果多元评价

《创新行动计划》指出:"创新职业教育评价考核制度,以素质能力评价学生、以教学效果评价教师、以贡献水平评价学校,基本形成教育与产业、校内与校外结合的质量评价机制。"可见,中职学校教师的教学效果评价,与学校的贡献水平、学生的素质能力、课堂教学评价一样,被列为中职学校的主要评价之一,教师的教学效果对中职教育的发展起着关键的作用。

本章将对中职学校教师教学效果评价指标体系的构建以及不同评价主体对其评价问题做基本介绍,以期为这方面的研究与实践提供一些借鉴。

## ● 第一节 中职教师教学效果多元评价指标体系的构建 ●

要构建中职教师教学效果多元评价的指标体系,就有必要对中职教师教学效果的内涵、多元评价指标体系构建的原则、基本内容做一个探讨,以期把握其本质特征。

### 一、中职教师教学效果多元评价的内涵

在教学质量保障体系中,教学评价发挥着重要的作用,而作为教学评价的重要环节,教师的教学效果评价是其重要的组成部分。通过开展教师教学效果的评价,可以帮助教师深化对教学工作的认识,改

进教学中存在的问题，及时获知学生的学习效果。那么，什么是中职教师教学效果呢？这需要我们从什么是效果谈起。

要想弄清效果的内涵，我们有必要对效率与效益做一个简单的界定。"'效率'更多的是一个物理学和经济学的概念。在物理学中，单位时间内所做的功的大小就是效率，单位时间里做功越大效率就越高；单位时间里所做的功小，那么效率就低。在经济学里，把投入和产出之比称为效率，投入低，产出高，效率就高；投入高，产出低，效率就低。"[①]那么，效益又是指什么？"效益泛指效果和收益，或者说是某种活动所产生的有益效果及其所达到的程度。""一般来讲，效率低，效益就差，但效率高，效益不一定就高，如果效益高，效率肯定不会差。"[②]从这个意义上讲，效果可以指向效益，是效益的重要组成部分，是产出与投入之间的关系，常常表述为产出与投入之差与投入的比。

中职教师的教学效果是以学生的学习成果为目的，教师在教学过程中围绕学生的学习成果所体现出来的教学热情、教学组织、师生互动、师生关系、专业知识、教学管理、课程难易度等相关的行为。就其内涵而言，中职教师的教学效果多元评价是指以学生、教师、行业企业、学校为评价主体，并依据不同的评价主体，通过建立学习成果、教学热情、教学组织、师生互动、师生关系、专业知识、教学管理、课程难易度模型的方式，对教师教学效果进行的评价。

## 二、中职教师教学效果多元评价指标体系构建的原则

中职教师教学效果多元评价指标体系的构建要结合学生的思想品德、技术技能、就业创业能力，对教师教学效果做出客观公正的评定，发挥评价对教师专业发展的积极引导作用。为此，在指标体系的构建上要体现以下原则。

多元化原则。在中职教师教学效果多元评价指标体系构建过程中，要关注评价主体、评价内容、评价标准等的多样性。就评价主体而言，有学生评价、教师自评与互评、行业企业评价、学校评价；就评

---

① 陈瑞生.课堂教学有效性界说偏失的现状、影响及其纠正[J].教育探索，2008 (11)：9.
② 孟繁华.教育管理决策新论——教育组织决策机制的系统分析[M]北京：教育科学出版社，2002：161.

# 第五章 中职教师教学效果多元评价

价的内容来讲，由于评价主体的不同，评价的内容也应该呈现出多样性；就评价的标准来说，由于评价内容的不同，与其相对应的标准也应当有所不同。因此，在评价结果的呈现上，就会出现多样化的评价结果。尽管这不是教师教学效果评价的全部，但它反映出教师教学效果的不同方面，这恰恰是由中职教师教学效果多元评价的属性所决定的。

导向性原则。中职教师教学效果多元评价的目的是对教师教学效果的全面反映，要依据中等职业学校教师职业特点，建立科学的质量评价制度，反映不同的评价主体对教师教学效果的要求，这是其一。更重要的是，通过这样的评价，引导教师以《教师专业标准》为准则，"遵循学生身心发展规律，以学生发展为本，培养学生的职业兴趣、学习兴趣和自信心，激发学生的主动性和创造性，发挥学生特长，挖掘学生潜质，为每一个学生提供适合的教育，提高学生的就业能力、创业能力和终身学习能力，促进学生健康快乐成长，学有所长，全面发展"。

科学性原则。在中职教师教学效果多元评价指标体系构建过程中，要做到指标与目标的一致性，注重指标的可测性、独立性、可比性以及可接受性。与目标的一致性是指评价指标体系中具体指标与目标之间的一致性；可测性是指通过实际观察加以直接测量以获得明确结论，力求做到抽象的评价目标具体化；独立性是指同级指标之间互不相容；可比性是指评价指标能够在反映评价对象的共同特性基础上的比较；可接受性是指按既定的指标进行评价是可行的。

## 三、中职教师教学效果多元评价指标体系的基本内容

基于以上对中职教师教学效果多元评价指标体系构建原则的讨论，我们基本上可以确定的是，就评价的主体而言，有教师、学生、行业企业、学校评价；就评价的内容来讲，中职教师教学效果主要涉及学生的学习效果，教师的专业理念、专业知识、专业能力等。本章第二节我们将对中职教师教学效果的学生评价进行讨论，第三节则对中职教师教学效果的教师评价进行介绍，第四节将对中职教师教学效果的行业企业评价做详细探讨，第五节将对中职教师教学效果的学校评价做一些探索。下图（图5-1）概要地介绍了中职教师教学效果多元评价的基本内容。

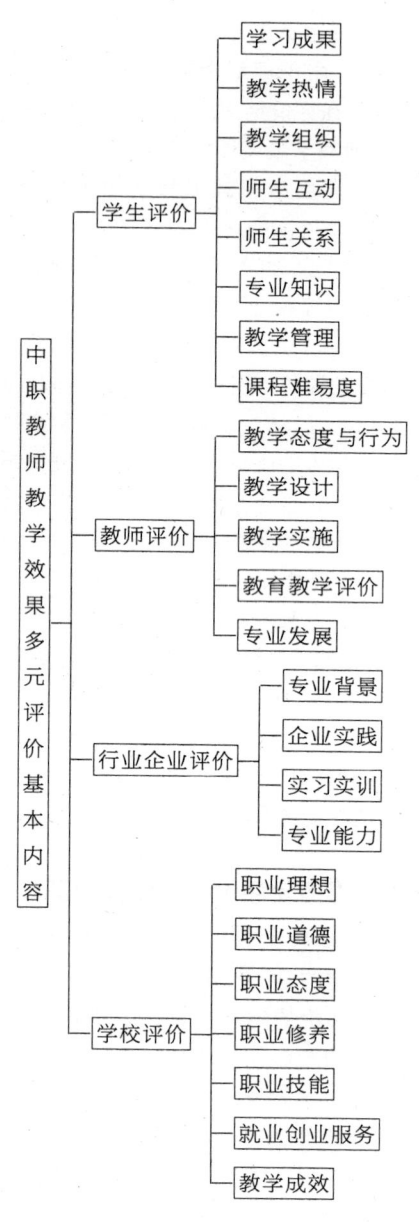

中职教师教学效果多元评价基本内容
- 学生评价
  - 学习成果
  - 教学热情
  - 教学组织
  - 师生互动
  - 师生关系
  - 专业知识
  - 教学管理
  - 课程难易度
- 教师评价
  - 教学态度与行为
  - 教学设计
  - 教学实施
  - 教育教学评价
  - 专业发展
- 行业企业评价
  - 专业背景
  - 企业实践
  - 实习实训
  - 专业能力
- 学校评价
  - 职业理想
  - 职业道德
  - 职业态度
  - 职业修养
  - 职业技能
  - 就业创业服务
  - 教学成效

图 5-1 中职教师教学效果多元评价的基本内容

## 第二节　中职教师教学效果的学生评价

《体系建设规划》指出："建立真实应用驱动教学改革机制。职业院校按照真实环境真学真做掌握真本领的要求开展教学活动。推动教学内容改革，按照企业真实的技术和装备水平设计理论、技术和实训课程；推动教学流程改革，依据生产服务的真实业务流程设计教学空间和课程模块；推动教学方法改革，通过真实案例、真实项目激发学习者的学习兴趣、探究兴趣和职业兴趣。"可见，教师在教学中要注重学生的学习兴趣，做到教学过程与生产过程相对接，让学生真学真做掌握真本领。本节将对中职教师教学效果学生评价做如下探讨。

### 一、中职教师教学效果学生评价指标体系构建的原则

人格本位、人本主义学习理论认为：教学既包括传授知识和认识能力的培养，同时也包括对情感意志的发展，是一种完整的人格教育。强调教学过程是学生自我实现的一种心理历程，应以学习者为中心，教学的价值不是单纯学习知识，主要是发展学生的创造力，形成正确的自我概念、独立自主的个性。老师要让学生积极参与，促进课堂互动。评价教学的成败，除了教师的专业知识与教学技巧，还有人际关系与情感态度。[1]为此，我们在构建中职教师教学效果评价指标体系时，要注意以下几个原则。

要突出教师的教学是否已经使学生获得了预期的学习效果。现代教学过程理论认为，教学是教师教与学、学生学与教、师生共同参与教学活动的过程。学生在教学活动中，具有教学的对象与教学的主体双重身份，因此，教师教学的成果理应在他们身上体现。就中职教学过程而言，就是要通过师生的共同活动，在让学生掌握技术技能的同

---

[1] 张春兴.教育心理学[M].杭州：浙江教育出版社，2000：173-287.

时，引起学生在职业道德、就业创业能力上的变化。为此，在中职教师教学效果评价指标体系的构建上，要从学生所获得的学习成果出发，并将其作为教师教学效果评价的首要内容。

要突出教师在教学过程中知识、信息的传递以及与学生的人际交流的体验。"学生作为教师教学的对象，是课堂教学的直接接受者和体验者，教师的教学内容和方式的特点，在学生方面能够产生最为直接迅速的反应。"[1]为此，在中职教师教学效果评价指标体系的构建上，要关注教师的专业知识、教学热情、师生互动等内容。

要突出为改进教师教学和学生学习服务。"学生对教师的教学效果进行评价的最主要目的，是为教师提供有效的反馈信息，帮助教师改进教学技能和提高教学水平，最终为学生提高学习效果服务。"[2]对教师教学效果的评价，其预设的前提就是一个好教师的标准。就中职教育而言，其好教师的标准就是作为好教师所具有的能力水平、个性特征，作为好教师所应有的教育价值观念，作为好教师所应有的教学方法、师生和谐关系等。

## 二、中职教师教学效果学生评价指标体系的内容及标准

通过以上分析，我们构建了中职教师教学效果学生评价指标体系，指标体系的内容主要围绕学习成果、教学热情、教学组织、师生互动、师生关系、专业知识、教学管理、课程难易度八个方面展开（见表5-1）。

---

[1] 宋彩萍，王江红.教师教学效果评价研究[J].教育理论与实践，2001 (2)：29.
[2] 宋彩萍，王江红.教师教学效果评价研究[J].教育理论与实践，2001 (2)：29.

表 5-1 中职教师教学效果学生评价指标体系的内容及标准

被评教师：_____　　评价者：_____　　评价时间：_____
年级：_____　　专业：_____　　学科：_____

| 评价项目 | 评价内涵 | 完全符合 | 比较符合 | 一般 | 比较不符合 | 非常不符合 |
|---|---|---|---|---|---|---|
| 学习成果 | （1）通过老师的教学，我增强了对该课程的理论认识 | | | | | |
| | （2）通过老师的教学，我理解并学会了该课程的内容 | | | | | |
| | （3）通过老师的教学，我学会了该学科/专业的学习方法 | | | | | |
| | （4）通过老师的教学，我对该学科/专业的兴趣提高了 | | | | | |
| | （5）通过老师的教学，我感觉到专业技术技能明显提高了 | | | | | |
| | （6）通过老师的教学，我解决问题的能力提高了 | | | | | |
| | （7）通过老师的教学，我的职业意识增强了 | | | | | |
| 教学热情 | （1）我感到老师对课程的内容与教学方法做了精心的准备 | | | | | |
| | （2）我感到老师对课程的讲解很清楚 | | | | | |
| | （3）我感到老师讲课能促进同学们积极思考，富有启发性 | | | | | |
| | （4）我感到老师教学时充满了精力与活力 | | | | | |
| | （5）我感到老师对教学很热诚 | | | | | |

续表

| 评价项目 | 评价内涵 | 完全符合 | 比较符合 | 一般 | 比较不符合 | 非常不符合 |
|---|---|---|---|---|---|---|
| 教学组织 | （1）老师的授课内容与教学目标吻合，我能理解课程进度 | | | | | |
| | （2）老师的讲课方式有助于学生做笔记 | | | | | |
| | （3）老师的讲解技术、动作要领清晰准确，便于学生理解 | | | | | |
| | （4）老师的示范动作标准、规范 | | | | | |
| | （5）我感到老师讲课的方式能使同学在课堂上保持兴趣 | | | | | |
| 师生互动 | （1）老师能营造良好的学习环境与氛围，鼓励我们参与课堂讨论 | | | | | |
| | （2）老师指导我们主动学习和训练技术技能，鼓励我们发表个人观点并与同学们相互交流 | | | | | |
| | （3）老师鼓励我们提出问题并能给予有意义的解答 | | | | | |
| | （4）老师鼓励我们发表与他/她不同的观点或提出质疑 | | | | | |
| | （5）老师能细心发现学生的技术技能错误，并及时认真纠正 | | | | | |
| 师生关系 | （1）老师对每个学生都很友善 | | | | | |
| | （2）老师真诚地关心每个学生，保护同学们的人身与生命安全 | | | | | |
| | （3）无论课内外，我都能感到老师欢迎同学们向他/她寻求帮助 | | | | | |
| | （4）无论课上或课下，老师都能与我们一起参加各种活动、有充分的接触 | | | | | |

续表

| 评价项目 | 评价内涵 | 完全符合 | 比较符合 | 一般 | 比较不符合 | 非常不符合 |
|---|---|---|---|---|---|---|
| 专业知识 | (1)老师讲课时能够比较专业与相关职业的关系 | | | | | |
| | (2)老师能够阐释课上所用概念与涉及的职业资格及其标准 | | | | | |
| | (3)老师能够阐释课程的学习认知特点、技术技能形成的过程及特点 | | | | | |
| | (4)老师课上除讲所教专业的知识体系、基本规律和自己的观点外,也讲他人的观点 | | | | | |
| | (5)老师能充分讨论本学科/专业领域目前在区域经济发展中的进展、相关行业现状趋势与人才需求、世界技术技能前沿水平等基本情况 | | | | | |
| 教学管理 | (1)老师能为同学们的学习和生活提供帮助 | | | | | |
| | (2)老师能妥善应对突发事件 | | | | | |
| | (3)对学生的课程评价能体现老师所强调的学习内容 | | | | | |
| | (4)老师对学生学习的评价方法公平公正 | | | | | |
| | (5)老师在对学生学习的评价上所给予的反馈很有价值 | | | | | |
| | (6)老师能够接受学生对他/她的评价,并及时调整和改进教育教学工作 | | | | | |
| 课程难易度 | (1)老师讲课内容适中 | | | | | |
| | (2)老师讲课的深浅度适中 | | | | | |
| | (3)老师讲课的进度快慢适中 | | | | | |
| 最后合计得分 | | | | | | |

续表

| 评价项目 | 评价内涵 | 完全符合 | 比较符合 | 一般 | 比较不符合 | 非常不符合 |
|---|---|---|---|---|---|---|
| 填表说明 | 评价等级"完全符合""比较符合""一般""比较不符合""非常不符合"对应分值分别为 5 分,4 分,3 分,2 分,1 分,各等级量化分数乘以等级个数之和再乘以 100 与等级量化最高分乘以总评价项之比,即为该教师的教学效果学生评价得分。 | | | | | |

在上表中,学习成果是学生通过教师的教学所获得的职业道德、技术技能等方面的提升,而教学热情、教学组织、师生互动、师生关系、专业知识、教学管理与课程难易度则是学生学习成果的影响因素。 换句话讲,学习成果是学生通过教师的教学所产生的结果,而教学热情、教学组织等七个方面则是影响学生学习成果的相关因素或原因,学习成果与它们之间存在着正相关。

## 三、中职教师教学效果学生评价指标体系的运用

由学生来评价教师的教学效果是当下教育教学管理中的通行做法,已成为教师教学效果评价不可缺少的重要方式。 中职教师教学效果学生评价同样如此,因为"教学活动的目的是为了让学生掌握科学技术与文化知识、技能,引起学生在能力、素质等方面的理想变化,因而教学中的主要矛盾是学生"。[①]

关注全体教师在各个项目上的得分排序。 在运用中职教师教学效果学生评价指标时,要计算教师在各个项目上的得分,并做一个排序。 通过这样的分析,得出全体教师有哪五个项目是排在前五位的,又有哪五项是排在后五位的。 这样,就可以从中找寻教师教学工作是否认真,授课是否做了充分的准备,是否提高了学生的学习兴趣,师生之间的互动是否充分等。

关注各个项目的平均数及差异检验情况。 通过关注各个项目的平

---
① 宋彩萍,王江红.教师教学效果评价研究[J].教育理论与实践,2001(2):29.

均分，弄清学习成果、教学热情、教学组织、师生互动、师生关系、专业知识、教学管理、课程难易度上的得分，以找寻教师在哪些方面做得较好，在哪些方面需要改进。同时，通过学习成果的得分，探寻它与其他项目之间的相互关系。

关注不同背景、不同性别的学生对教师教学效果的评价情况以及不同性别教师在各项目上的得分情况与教师的总体差异。就学生而言，可以统计不同年级、不同专业、不同性别学生对教师教学效果的评价情况。就教师而言，可以统计不同性别教师在各项目上的得分情况。对于教师的总体差异，可以通过统计最高分、最低分、平均分来评定他们在教学效果的总体上的差异。

## 第三节 中职教师教学效果的教师评价

《教师专业标准》提出了师德为先、学生为本、能力为重、终身学习的基本理念，指出："在教学和育人过程中，把专业理论与职业实践相结合、职业教育理论与教育实践相结合；遵循职业教育规律和技术技能人才成长规律，提升教育教学专业化水平；坚持实践、反思、再实践、再反思，不断提高专业能力。"开展中职教师教学效果教师评价，就是要依据《教师专业标准》改革教师的教育教学方式；根据《教师专业标准》，将其作为中等职业学校教师教学效果考核的重要依据，进一步完善教学成果考核的内容和指标。

### 一、中职教师教学效果教师评价指标体系构建的原则

《教师专业标准》指出："中等职业学校教师是履行中等职业学校教育教学工作职责的专业人员，要经过系统的培养与培训，具有良好的职业道德，掌握系统的专业知识和专业技能，专业课教师和实习指导教师要具有企事业单位工作经历或实践经验并达到一定的职业技能水平。"为此，中职教师教学效果教师评价指标体系的构建要遵循以下

原则。

全面性原则。中职教师教学效果教师评价指标体系构建的全面性原则体现在教师教学效果的评价要回归到教师专业理念与专业能力上。就教学效果而言，教师的专业理念主要是在教学态度与行为上体现，而专业能力则体现在教学设计、教学实施、教育教学评价与专业发展上。

教师自评的原则。教师的自我评价是教师教学效果评价中的一个重要方面，也是教师自我诊断的一个重要方面。通过教师对教学效果评价让教师在这一过程中实现自我激励与自我提高。教师自我评价机制的实现，就是要在"根据别人对自己的评价来评价自己"，"通过与他人的对比来评价自己"，"通过自我分析来实现自我评价"。[1] 这也是《教师专业标准》倡导的"积极进行自我评价，主动参加教师培训和自主研修，逐步提升专业发展水平"的价值所在。

同行评价的原则。教师的同行评价对创建教师专业发展的氛围有着重要的意义，教师同行对教师的教学效果评价具有较大的话语权，因为教师同行对专业教学标准和职业标准较为熟悉，对教师的课堂教学、教材以及对教师的要求也比较熟悉。在教师的同行评价中，要建立经常性的听课与观摩机制，以便对教师的教学效果做出科学的、客观的评价，从而帮助教师正确地认识自己，提升教学效果。

## 二、中职教师教学效果教师评价指标体系的内容及标准

通过以上分析，我们构建了中职教师教学效果教师评价指标体系，指标体系的内容主要围绕教师的教学态度与行为、教学设计、教学实施、教育教学评价、专业发展五个方面展开（见表5-2）。

---

[1] 陈玉琨.教育评价学[M].北京：人民教育出版社，1999：142-143.

表 5-2  中职教师教学效果教师自评与互评评价指标体系的内容及标准

被评教师：_____　　评价者：_____　　评价时间：_____
年级：_____　　专业：_____　　学科：_____

| 评价项目 | 评价内涵 | 完全符合 | 比较符合 | 一般 | 比较不符合 | 非常不符合 |
|---|---|---|---|---|---|---|
| 教学态度与行为 | （1）我（他）能将学生的知识学习、技能训练与品德养成相结合 | | | | | |
| | （2）我（他）能营造勇于探索、积极实践、敢于创新的氛围 | | | | | |
| | （3）我（他）能引导学生自主学习、自强自立，养成良好的学习习惯和职业习惯 | | | | | |
| 教学设计 | （1）我（他）能根据培养目标设计教学目标和教学计划 | | | | | |
| | （2）我（他）能基于职业岗位工作过程设计教学过程和教学情境 | | | | | |
| | （3）我（他）能引导和帮助学生设计个性化的学习计划 | | | | | |
| 教学实施 | （1）我（他）能营造良好的学习环境与氛围，培养学生的职业兴趣、学习兴趣和自信心 | | | | | |
| | （2）我（他）能运用讲练结合、工学结合等多种理论与实践相结合的方式方法，有效实施教学 | | | | | |
| | （3）我（他）能指导学生主动学习和训练技术技能，有效调控教学过程 | | | | | |
| | （4）我（他）能应用现代教育技术手段实施教学 | | | | | |

续表

| 评价项目 | 评价内涵 | 完全符合 | 比较符合 | 一般 | 比较不符合 | 非常不符合 |
|---|---|---|---|---|---|---|
| 教育教学评价 | （1）我（他）能运用多元评价方法，结合技术技能人才培养规律，多视角、全过程评价学生发展 | | | | | |
| | （2）我（他）能引导学生进行自我评价和相互评价 | | | | | |
| | （3）我（他）能开展自我评价、相互评价与学生对教师评价，做到及时调整和改进教育教学工作 | | | | | |
| 专业发展 | （1）我（他）能不断反思和改进教育教学工作 | | | | | |
| | （2）我（他）能针对教育教学工作中的现实需要与问题，进行探索和研究 | | | | | |
| 最后合计得分 | | | | | | |
| 填表说明 | 评价等级"完全符合""比较符合""一般""比较不符合""非常不符合"对应分值分别为5分、4分、3分、2分、1分，各等级量化分数乘以等级个数之和再乘以100与等级量化最高分乘以总评价项之比，即为该教师的教学效果自评（互评）得分。 | | | | | |

在上表中，教学态度与行为主要是从促进学生职业能力的形成，培养学生的动手能力、人文素养、规范意识和创新意识，促进学生良好的学习习惯和职业习惯的形成上讲的；教学设计则是从教学基于课程内容与职业标准对接，教学过程与生产过程对接的设计上强调的；教学实施则是从教学的有效性上讲的，如学生的职业兴趣、学习兴趣和自信心的培养，有效实施教学、调控教学过程等；教育教学评价是从多元评价方法的运用、组织学生的自评与互评、通过评价实施教育教学工作的改进等方面强调的；而专业发展主要是从教师的反思、对教育教学工作中的现实需要与问题所进行探索和研究的视角提出的。

## 三、中职教师教学效果教师评价指标体系的运用

在中职教师教学效果教师评价指标体系的运用上，要切实做到通过教师的自评与互评，起到促进教师专业成长的作用，真正地提升教师的教学效果。为此，要注意以下几点。

要提升教师的专业理念。教师的专业理念的落脚点是要求教师做学生职业生涯发展的指导者和健康成长的引路人，而作为指导者与引路人，教师的教学态度与行为尤为重要。

要提升教师的专业能力。中职教师的专业能力是在教学设计、教学实施、教育教学评价等方面显现出来的，而教师专业能力是教师教学效果的有效保障。在教学设计与教学实施上，要按照《加快发展现代职业教育决定》的要求，推动课程内容与职业标准、教学过程与生产过程的对接。

要做好教师的自我评价。中职教师教学效果教师评价在教师自评上，主要要激发教师的自身发展目标和愿望，在把自己的行为及其结果与指标体系进行比较的过程中，形成自我诊断与评价，从而形成自我发展的机制。

要做好教师的互评。在中职教师教学效果教师评价指标体系构建的原则中，我们谈到了同行评价的原则，这一原则要求被评价人充分分析所接收的他人的评价信息，要正确对待他人对自己的评价，要判断他人评价的尺度。就参加评价的教师来讲，要学会把评价指标体系中的评价尺度转化为提升教学效果的内在要求，转化为教师自身发展的迫切需要，从而将评价指标体系转化为教师提升教学效果的内在尺度。

以上我们分别从教师自评与互评的角度探讨了中职教师教学效果评价，如果在各自评价主体评价结果的基础上，分别对其赋予不同的权重，就可以计算出某教师在某一阶段的教学效果教师评价得分。假如我们对教师互评、自评分别赋予 0.60、0.40 的权重，则某教师在某一阶段的教师效果评价得分为各自评价主体的评价得分乘以各自的权

重之和。表 5-3 为中职教师教学效果教师评价情况汇总表。

表 5-3　中职教师教学效果教师评价情况汇总表

专业：_____　　　年级：_____　　　评价时间：_____

| 教师姓名 | 教师自评（0.4） | 教师互评（0.6） | 总分 | 备注 |
|---|---|---|---|---|
|  |  |  |  |  |

## 第四节　中职教师教学效果的行业企业评价

《体系建设规划》指出："构建职业教育行业指导体系，发挥行业在提供政策咨询服务、发布行业人才需求、推进校企合作、参与指导教育教学、开展质量评价等方面的重要作用。""加强职业教育行业指导委员会和教学指导委员会建设。"为此，在中职教师教学效果的评价上，要吸收行业企业参与评价，提升中职教育教学的针对性、有效性。

### 一、中职教师教学效果行业企业评价指标体系构建的原则

《教育部关于建立中等职业学校教师到企业实践制度的意见》（以下简称《教师企业实践制度》）指出："中等职业学校专业课教师、实习指导教师每两年必须有两个月以上时间到企业或生产服务一线实践。教师到企业实践，一是了解企业的生产组织方式、工艺流程、产业发展趋势等基本情况；二是熟悉企业相关岗位（工种）职责、操作规范、用人标准及管理制度等具体内容；三是学习所教专业在生产实践中应用的新知识、新技能、新工艺、新方法；四是结合企业的生产实际和用人标准，不断完善教学方案，改进教学方法，积极开发校本教材，切实加强职业学校实践教学环节，提高技能型人才培养质量。"为此，在中职教师教学效果行业企业评价指标体系构建上，要始终加强行业指导、企业参与，紧扣行业企业的要求，为此，必须遵守如下原则。

坚持校企协同育人。中职教师教学效果行业企业评价指标体系构建要充分考虑行业企业对人才培养工作的要求，在促进行业企业参与人才培养全过程的基础上，树立以育人为目标的教师教学效果评价的理念，以职业岗位胜任力为要求，考查评价教师对专业的认识程度、教师对企业实践的了解程度。通过评价，促成教师把职业岗位所需要的知识、技能和职业素养融入相关专业教学中，将相关课程考试考核与职业技能鉴定相结合，从而有效地提升育人的效果。

坚持开展实践性教学。中职教师教学效果行业企业评价指标体系构建要充分体现中职教育工学结合、知行合一的人才培养的方式与特点，体现教学、学习、实习实训等教育教学活动相融合的要求。通过评价，促进教师知识与技能相结合、理论知识与实践要求相统一，提升教师实践教学的针对性与有效性，进而提升教师教学效果。

坚持创新教学方式方法。中职教师教学效果行业企业评价指标体系构建要按照专业特点、课程内容的要求，在项目教学、案例教学、情境教学、工作过程导向教学等不同的教学模式上，采用启发式、探究式、讨论式、参与式等教学方法，促进职业学校技能竞赛活动与日常教学工作紧密结合、良性互动。通过评价，充分激发学生的学习兴趣和积极性，以达到教师教学效果提升的目的。

## 二、中职教师教学效果行业企业评价指标体系的内容及标准

通过以上分析，我们构建了中职教师教学效果行业企业评价指标体系，指标体系的内容主要围绕教师的专业背景、企业实践、实习实训、专业能力四个方面展开（见表5-4）。

### 表 5-4　中职教师教学效果行业企业评价指标体系的内容及标准

被评教师：_____　　评价者：_____　　评价时间：_____
年级：_____　　专业：_____　　学科：_____

| 评价项目 | 评价内涵 | 完全符合 | 比较符合 | 一般 | 比较不符合 | 非常不符合 |
|---|---|---|---|---|---|---|
| 专业背景 | （1）他了解所在区域社会经济发展情况 | | | | | |
| | （2）他了解相关行业现状趋势与人才需求情况 | | | | | |
| | （3）他了解世界技术技能前沿水平情况 | | | | | |
| | （4）他了解所教专业与相关职业的关系 | | | | | |
| | （5）他掌握所教专业涉及的职业资格及其标准 | | | | | |
| | （6）他了解学校毕业生对口单位的用人标准、岗位职责等情况 | | | | | |
| | （7）他掌握所教专业的知识体系和基本规律 | | | | | |
| 企业实践 | （1）他了解企业的生产组织方式、工艺流程、产业发展趋势等基本情况 | | | | | |
| | （2）他熟悉企业相关岗位（工种）职责、操作规范、用人标准及管理制度等具体内容 | | | | | |
| | （3）他学习所教专业在生产实践中应用的新知识、新技能、新工艺、新方法 | | | | | |

续表

| 评价项目 | 评价内涵 | 完全符合 | 比较符合 | 一般 | 比较不符合 | 非常不符合 |
|---|---|---|---|---|---|---|
| 实习实训 | （1）他掌握组织学生进行校内外实训实习的方法，安排好实训实习计划，保证实训实习效果 | | | | | |
| | （2）他具有与实训实习单位沟通合作的能力，能够全程参与实训实习 | | | | | |
| | （3）他熟悉有关法律和规章制度，能够保护学生的人身安全，维护学生的合法权益 | | | | | |
| 专业能力 | （1）他积极开发校本教材，注重实践教学环节 | | | | | |
| | （2）他结合企业的生产实际和用人标准，不断完善教学方案，改进教学方法 | | | | | |
| | （3）他主动收集分析毕业生就业信息和行业企业用人需求等相关信息，不断反思和改进教育教学工作 | | | | | |
| 最后合计得分 | | | | | | |
| 填表说明 | 评价等级"完全符合""比较符合""一般""比较不符合""非常不符合"对应分值分别为5分，4分，3分，2分，1分，各等级量化分数乘以等级个数之和再乘以100与等级量化最高分乘以总评价项之比，即为该教师的教学效果行业企业评价得分。 | | | | | |

在上表中，教师的专业背景主要是从服务需求、就业导向的角度讲的，着力于教师的教学效果要在服务社会经济发展和人的全面发展、推动专业设置与产业需求对接中实现；企业实践主要是从"双师型"教师队伍建设的内在要求讲的，着力于教师教学效果要在实践教学环节、提高技术技能型人才培养质量中体现；实习实训主要是从对学生实习实训的指导能力讲的，着力于教师教学效果要在学生实训实习效果中展现；专业能力主要是从专业课程设置、教学课程开展上讲

的，着力于教师教学效果要在提高科研能力和教学研究水平中彰显。

## 三、中职教师教学效果行业企业评价指标体系的运用

要实现通过行业企业的评价，促进教师教学效果的提升。在中职教师教学效果行业企业评价指标体系的运用上，要注意以下几点。

认识到教师专业知识与专业能力的重要性。对于中职学校教师来讲，其专业知识不仅仅体现在通识性知识上，还体现在教师的教育知识上，更重要的是体现在教师的职业背景知识上。行业企业对教师教学效果的评价无疑要关注教师的专业背景，通过评价，不断促进教师对职业背景知识的进一步了解，使得中职教师更像一个职业人，从而不断提升他们对中职教学效果的理解。同时，在对职业背景知识理解的基础上，推进专业设置、专业课程内容与职业标准相衔接，从而提升教师的专业能力。

提高教师专业技能水平和实践教学能力。《教师企业实践制度》指出："组织教师到企业实践是中等职业学校教师在职培训的重要形式，是提高教师专业技能水平和实践教学能力的有效途径，也是职业学校密切与企业的联系、加强校企合作的具体体现。"为此，行业企业对教师教学效果的评价，要关注教师企业实践的成果，以企业实践的成果来提升教师的专业技能水平与实践教学能力，以教师的专业技能水平与实践教学能力的提升来实现教师教学效果的提升。

关注教师在实习实训中的具体表现。《专业教学标准意见》强调："实训实习是专业技能课程教学的重要内容，是培养学生良好的职业道德，强化学生实践能力和职业技能，提高综合职业能力的重要环节。"同时要求："实训实习应明确校内实训实习室和校外实训实习基地及其必备设备等实训实习环境要求，保证学生顶岗实习的岗位与其所学专业面向的岗位群基本一致。"为此，行业企业对教师教学效果的评价，要关注教师在实习实训中的具体表现。通过评价，要在学生实训实习效果提升中实现较好的教学效果。

## 第五节　中职教师教学效果的学校评价

《教师专业标准》指出，中职学校要"重视中等职业学校教师职业特点，加强专业建设，深化校企合作；完善教师培养培训方案，科学设置教师教育课程，改革教育教学方式；重视教师职业道德教育，重视职业实践、社会实践和教育实习；加强从事中等职业学校教师教育的师资队伍建设，建立科学的质量评价制度"。可见，学校要依据《教师专业标准》的要求，"注重教师职业理想与职业道德教育，增强教师育人的责任感与使命感；开展校本研修，促进教师专业发展；完善教师岗位职责和考核评价制度，健全中等职业学校教师绩效管理机制"。为此，就中职教师教学效果而言，学校应该发挥其主导与关键性的作用。

### 一、中职教师教学效果学校评价指标体系构建的原则

《教育规划纲要》指出："努力造就一支师德高尚、业务精湛、结构合理、充满活力的高素质专业化教师队伍。"依据这一基本要求，中职教师教学效果学校评价指标体系构建要遵循以下原则。

师德为先的原则。《教育规划纲要》要求："加强教师职业理想和职业道德教育，增强广大教师教书育人的责任感和使命感。""将师德表现作为教师考核、聘任（聘用）和评价的首要内容。"为此，在中职教师教学效果学校评价指标体系构建中要从教师师德的角度，考查教师的职业理念、职业道德、职业态度、职业修养等。

学生为本的原则。《教育规划纲要》要求职业教育要"满足人民群众接受职业教育的需求，满足经济社会对高素质劳动者和技能型人才的需要"。为此，在中职教师教学效果学校评价指标体系构建中要依据《教师专业标准》的要求，"为每一个学生提供适合的教育，提高学生的就业能力、创业能力和终身学习能力，促进学生健康快乐成长，

学有所长，全面发展"。把学生职业道德、职业技能、人文素养、就业后两年内的发展情况纳入教师教学效果评价指标体系之中。

能力为重的原则。《教师专业标准》指出，中职教师"在教学和育人过程中，把专业理论与职业实践相结合、职业教育理论与教育实践相结合；遵循职业教育规律和技术技能人才成长规律，提升教育教学专业化水平；坚持实践、反思、再实践、再反思，不断提高专业能力"。为此，在中职教师教学效果学校评价指标体系构建中要突出教师的职业技能、就业创业服务能力等。

## 二、中职教师教学效果学校评价指标体系的内容及标准

通过以上分析，我们构建了中职教师教学效果学校评价指标体系，指标体系的内容主要围绕教师的职业理想、职业道德、职业态度、职业修养、职业技能、就业创业服务、教学成效七个方面展开（见表5-5）。

表 5-5　中职教师教学效果学校评价指标体系的内容及标准

被评教师：_____　　　评价者：_____　　　评价时间：_____
年级：_____　　　　　专业：_____　　　　学科：_____

| 评价项目 | 评价内涵 | 完全符合 | 比较符合 | 一般 | 比较不符合 | 非常不符合 |
|---|---|---|---|---|---|---|
| 职业理想 | （1）他理解职业教育工作的意义，把立德树人作为职业教育的根本任务 | | | | | |
| | （2）他能够树立人人皆可成才的职业教育观 | | | | | |
| | （3）他能够践行职业教育面向人人的理念 | | | | | |
| | （4）他认同中等职业学校教师的专业性和独特性 | | | | | |

续表

| 评价项目 | 评价内涵 | 完全符合 | 比较符合 | 一般 | 比较不符合 | 非常不符合 |
|---|---|---|---|---|---|---|
| 职业道德 | （1）他了解学生思想品德和职业道德形成的过程及其教育方法 | | | | | |
| | （2）他了解学生不同教育阶段以及从学校到工作岗位过渡阶段的心理特点，并掌握相关教育方法 | | | | | |
| | （3）他能够结合课程教学并根据学生思想品德和职业道德形成的特点开展育人和德育活动 | | | | | |
| | （4）他能够开展有益于学生身心健康的教育活动 | | | | | |
| | （5）他能够为学生提供学习和生活方面的心理疏导 | | | | | |
| 职业态度 | （1）他关爱学生，重视学生身心健康发展，保护学生人身与生命安全 | | | | | |
| | （2）他尊重学生，维护学生合法权益，平等对待每一个学生，采用正确的方式方法引导和教育学生 | | | | | |
| | （3）他信任学生，积极创造条件，促进学生的自主发展 | | | | | |

续表

| 评价项目 | 评价内涵 | 完全符合 | 比较符合 | 一般 | 比较不符合 | 非常不符合 |
|---|---|---|---|---|---|---|
| 职业修养 | （1）他富有爱心、责任心，具有让每一个学生都能成为有用之才的坚定信念 | | | | | |
| | （2）他坚持实践导向，身体力行，做中教，做中学 | | | | | |
| | （3）他善于自我调节，保持平和心态 | | | | | |
| | （3）他乐观向上、细心耐心，富有亲和力 | | | | | |
| | （4）他衣着整洁得体，语言规范健康，举止文明礼貌 | | | | | |
| | （5）他具有相应的自然科学和人文社会科学知识 | | | | | |
| | （6）他了解中国经济、社会及教育发展的基本情况 | | | | | |
| | （7）他具有一定的艺术欣赏与表现知识 | | | | | |
| 职业技能 | （1）他熟悉技术技能人才成长规律，掌握学生身心发展规律与特点 | | | | | |
| | （2）他熟悉所教课程在专业人才培养中的地位和作用 | | | | | |
| | （3）他掌握所教课程的理论体系、实践体系及课程标准 | | | | | |
| | （4）他掌握学生专业学习认知特点和技术技能形成的过程及特点 | | | | | |
| | （5）他掌握所教课程的教学方法与策略 | | | | | |
| | （6）他了解学生集体活动特点和组织管理方式 | | | | | |
| | （7）他能够妥善应对突发事件 | | | | | |

续表

| 评价项目 | 评价内涵 | 完全符合 | 比较符合 | 一般 | 比较不符合 | 非常不符合 |
|---|---|---|---|---|---|---|
| 就业创业服务 | （1）他能够为学生提供必要的职业生涯规划指导 | | | | | |
| | （2）他能够帮助学生了解就业政策法规，依法就业 | | | | | |
| | （3）他能够帮助学生了解就业形势，并依据自身条件选择就业目标 | | | | | |
| | （4）他能够帮助学生了解本地、异地、国（境）外的就业信息，提供择业咨询 | | | | | |
| | （5）他能够为有升学愿望的学生提供信息和选择志愿的咨询服务 | | | | | |
| | （6）他能够引导学生选择正规的和社会信誉好的职业中介机构 | | | | | |
| | （7）他能够帮助学生联系工作岗位 | | | | | |
| | （8）他能够及时了解行业、企业等用人单位对毕业生的素质要求，帮助走上工作岗位的毕业生排忧解难 | | | | | |
| | （9）他能够为岗位中遇到困难的学生提供一定的弥补性培训等 | | | | | |
| 教学成效 | （1）学生思想品德发展水平 | | | | | |
| | （2）学生人文素养发展水平 | | | | | |
| | （3）学生职业技能发展水平 | | | | | |
| | （4）学生就业后两年内的发展情况 | | | | | |
| 最后合计得分 | | | | | | |
| 填表说明 | 评价等级"完全符合""比较符合""一般""比较不符合""非常不符合"对应分值分别为5分，4分，3分，2分，1分，各等级量化分数乘以等级个数之和再乘以100与等级量化最高分乘以总评价项之比，即为该教师的教学效果学校评价得分。 | | | | | |

在上表中，教师的教学成效是结果性指标，而教师的职业理想、职业道德、职业态度、职业修养、职业技能、就业创业服务是过程性指标。 换句话讲，教师教学成效是学生通过教师的教学所获得的职业道德、职业技能、人文素养、就业后两年内的发展与提升，教师的职业理想、职业道德、职业态度、职业修养、职业技能、就业创业服务则是这一教学成效的影响因素。

## 三、中职教师教学效果学校评价指标体系的运用

在上面的讨论中，我们知道，学校担负着建立教师教育质量保障体系、建立科学的质量评价制度、健全中等职业学校教师绩效管理机制等责任。 而中职教师教学效果学校评价正是这些要求的具体体现。 为此，在指标体系的运用上，要注意以下几点。

关注全体教师在各个项目上的得分排序。 在运用中职教师教学效果学校评价指标时，要计算出教师在各个项目上的得分，并做一个排序。 通过这样的分析，得出全体教师在哪五个项目上是排在前五位的，又是在哪五个项目上是排在后五位的，从中找寻出教师职业理想、职业道德、职业态度、职业修养、职业技能、就业创业服务等方面的差距与原因。

关注各个项目的平均数及差异检验情况。 通过关注各个项目的平均分，弄清职业理想、职业道德、职业态度、职业修养、职业技能、就业创业服务、教学成效上的得分，同时，要弄清楚职业道德、职业技能、人文素养、就业后两年内的发展与提升与上述项目之间的影响关系。

关注不同教龄、不同性别、不同年级、不同学历、不同职称教师在各项目上的得分情况与总体差异。 就不同教龄、不同性别、不同年级、不同学历、不同职称教师而言，可以统计并分析出他们在各项目上的得分情况与特征。 对于教师的总体差异，可以通过统计最高分、最低分、平均分等来进行评定。

以上我们分别从学生、教师、行业企业、学校的角度探讨了中职

## 第五章　中职教师教学效果多元评价

教师教学效果评价，如果在各自评价主体评价结果的基础上，分别对其赋予不同的权重，就可以计算出某教师在某一阶段的教学效果评价得分。假如我们对学生评价、教师评价、行业企业评价、学校评价分别赋予 0.20，0.30，0.20，0.30 的权重，则某教师在某一阶段的教学效果评价得分为各自评价主体的评价得分乘以各自的权重之和。表 5-6 为中职教师教学效果评价情况汇总表。

表 5-6　中职教师教学效果评价情况汇总表

专业：_____　　年级：_____　　评价时间：_____

| 教师姓名 | 学生评价<br>（0.2） | 教师评价<br>（0.3） | 行业企业评价<br>（0.2） | 学校评价<br>（0.3） | 总分 | 等级 |
|---|---|---|---|---|---|---|
|  |  |  |  |  |  |  |

# 第六章
# 中职学生素质能力多元评价

《示范学校建设计划》强调:"建立以贡献为导向的学校评价模式和以能力为核心的学生评价模式。"《创新行动计划》也提出了"创新职业教育评价考核制度,以素质能力评价学生、以教学效果评价教师、以贡献水平评价学校,基本形成教育与产业、校内与校外结合的质量评价机制"的要求,可见,以素质能力评价学生,建立以能力为核心的学生评价模式已成为现代职业教育评价改革的必然要求。

本章将对中职学生素质能力评价指标体系的构建以及不同评价主体对中职学生素质能力评价等问题做基本介绍,以期为这方面的研究与实践提供基础。

## 第一节 中职学生素质能力多元评价指标体系的构建

要构建中职学生素质能力多元评价的指标体系,就有必要对中职学生素质能力的内涵及其演变过程做一个梳理,以达到把握其本质特征之目的。

### 一、中职学生素质能力的内涵

在谈到要探究中职学生素质能力时,我们不妨先从什么是素质,什么是能力进行探讨。

对于什么是素质,有学者认为:"素质是指人在先天生理素质的基础上,通过后天的环境影响和培养塑造,获得的身心特性以及相对稳定的品质结构。"①在该学者看来,素质可以从身心素质、职业道德及个性品质三个层面来衡量,并为此构建了素质评价模型图(见图6-1)。从这个模型不难看出,身心素质是人才成长的基础,位于三个层面的下层,具体包括自我保健意识、身体健康状况、环境适应能力、挫折承受能力和自我调整能力等。职业道德位于中层,即衡量学生做事的素质,包含遵纪守法意识、诚实守信意识、工作责任意识、吃苦耐劳精神等。个性品质则衡量学生做人的素质,位于最上层,包括政治素养、理想信念、人文素养、行为养成等方面。②

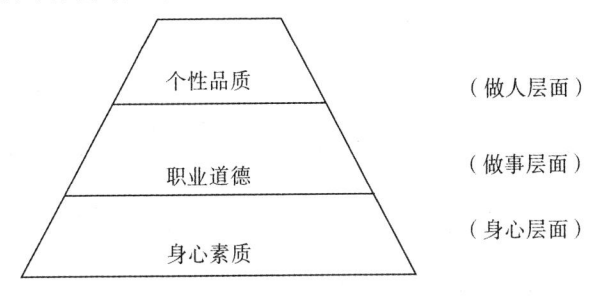

```
        个性品质         (做人层面)

      职业道德            (做事层面)

    身心素质               (身心层面)
```

图 6-1  素质评价模型

一份企业关于学生素质的调查表明,企业最关注学生素质方面的前十位依次为:工作的兴趣和热情(87%),责任感(85%),职业道德(81%),吃苦耐劳(78%),上进心(75%),诚实守信(67%),主动性(64%),敬业奉献(60%),遵纪守法(55%),创造性(51%)。③ 这些调查结论基本上与上述模型吻合。

那么,什么又是能力呢? 有学者认为:"能力是指完成一定活动或胜任某项任务的具体方式和主观条件。"该学者还对高职学生能力结

---

① 李小娟.高职学生素质能力评价研究[J].教育研究,2013(5):100.
② 高维春,等.职业素质导向下高职学生能力评价指标体系研究[J].现代教育管理,2011(7):60.
③ 李小娟.高职学生素质能力评价研究[J].教育研究,2013(5):97.

构做了进一步的研究,指出:"高职学生的能力结构主要包括基础能力、专业能力和社会能力。"并借鉴美国著名心理学家麦克利兰于1973年提出的"冰山模型",对基础能力、专业能力和社会能力做了进一步阐释(见图6-2),认为,"基础能力"是浮于水面上表层的最直接、最外在的冰山部分,包含了最基本的语言表达能力、文字书写能力、自我认识能力等;"专业能力"是位于浅水区且能观察到的"中层冰山"区域,指的是学生在培养过程中逐渐积累起来的调查研究能力、动手操作能力、推广应用能力等专业能力。而表现为"社会能力"不易鉴别的个性品质,则深藏于海底冰川,这些能力不容易被观察和测量,也难以被改变和评价。[①]

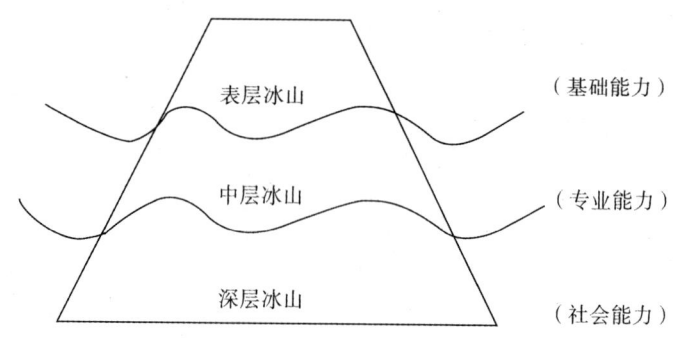

图 6-2　能力评价冰山模型

一份企业关于学生能力的调查表明,企业最看中的学生能力排列在前面的依次为:沟通能力或语言表达能力(86%),人际交往能力(84%),实践能力(81%),解决问题能力(77%),执行力(73%),团队合作能力(68%),持续学习能力(65%),适应能力(57%),创新能力(45%)。[②] 这些研究成果也与上述能力评价冰山模型较为吻合。

理解了什么是素质与能力之后,还有必要对什么是知识做一个初步的概括,为此,有学者就提出,"知识是人类历史经验的总结和科学

---

[①] 李小娟.高职学生素质能力评价研究[J].教育研究,2013 (5):101.
[②] 李小娟.高职学生素质能力评价研究[J].教育研究,2013 (5):97.

概括,知识是通过学习获得的,学习是获取知识、掌握技能、获取新认识的重要途径"。它与能力、素质之间的关系可以简单概括为"人通过学习,获得相应的知识储备,才能更有效地内化为能力和转化为更高的素质,其内化和转化的程度越高,其对外产生的能量就越强,也才能达到人们所期望的成果和效益"。①

接下来,我们对中职学生素质能力做一个简单的探究。《教育规划纲要》强调:"职业教育要面向人人、面向社会,着力培养学生的职业道德、职业技能和就业创业能力。到 2020 年,形成适应经济发展方式转变和产业结构调整要求、体现终身教育理念、中等和高等职业教育协调发展的现代职业教育体系,满足人民群众接受职业教育的需求,满足经济社会对高素质劳动者和技能型人才的需要。"从这个意义上讲,中职学生的素质能力不外乎三个方面,一是职业道德,二是职业技能,三是就业创业能力。

《体系建设规划》则提出:"以学习者的职业道德、技术技能水平和就业质量为核心,建立职业教育质量评价体系。"这一提法由原来的"职业技能"转向"技术技能水平",由原来的"就业创业能力"转向"就业质量"。从"职业技能"向"技术技能水平"转变,预示着现代职业教育体系的加快构成,昭示着人才培养立交桥的构成。从"就业创业能力"向"就业质量"转变,就前者而言,就业创业能力是一种培养的目标,而就业质量则是这种培养目标所呈现出来的应然状态。在随后出台的《人才培养质量意见》中,也明确地提出了"要定期开展职业院校教学工作和专业教学情况评价,把学生的职业道德、技术技能水平和就业质量作为考核学校教学质量的重要指标,积极推行技能抽查、学业水平测试、综合素质评价等"。这些要求,无不说明了中职学生素质能力表述的传承性、创新性与发展性。

据此,我们可以将中职学生素质能力理解为,中职学生在其未来的职业生涯中,在其全面发展中所应该具备的素质与能力。结合中职

---

① 李小娟.高职学生素质能力评价研究[J].教育研究,2013 (5):100-101.

教育的基本特点，本文将其简单地概括为，思想品德、技术技能、就业创业能力。

## 二、中职学生素质能力多元评价指标体系构建的原则

在中职学生素质能力多元评价指标体系的构建上，要结合学生的思想品德、技术技能、就业创业能力，对学生做出客观公正的素质能力评价，发挥素质能力评价对学生成长成才的积极引导作用。为此，在指标体系的构建上要体现以下四个原则。

坚持科学性原则。"科学是充满着美的，不管是物理、化学，还是数学。科学之理揭示了客观世界存在的各种美学现象，对养成我们学生的心灵，会有重要的意义。这个心灵，包括美的心灵和善的心灵，指美和德统一的心灵。"[1]从这个意义上讲，中职学生素质能力多元评价指标体系的构建应该充满科学之美，在尊重中职学生成长规律、尊重教育评价规律的同时，去揭示他们在思想品德、技术技能、就业创业能力上各种美的东西，以涵养他们的心灵，做到学思结合、知行统一，人格完善与技术技能提升相统一，从而提高他们的素质能力。

坚持客观性原则。何谓客观性，就是实事求是也。为此，在中职学生素质能力多元评价指标体系的构建上，要以事实为依据，无论是在指标内容的确定上，还是在指标标准的确立上；无论是在评价手段的选择上，还是在评价结果的运用上，都要坚持客观真实，做到定性评价与定量评价相结合，尽可能地将隐性的、不可视的、不可测的内容转化为显性的、可视的、可测的内容，在定量评价的基础上进行定性评价。

坚持教育性原则。"没有教育性的校园文化是没有灵魂的文化。这一点决定了我们在校园建筑、园林、景点的设计和建造中，要注意其文化内涵和美感，使校园每时、每处、每事、每物都具有一定的教育意义，经常不断地对学生进行良性刺激，促进他们高尚情操、文明举

---

[1] 陈玉琨.一流学校的建设——陈玉琨教育讲演录[M].上海：华东师范大学出版社，2008：111.

止的形成，同时注意它的整体性和艺术性，把教育性和艺术性高度地结合起来。"①评价不是为了证实，而是为了改进。为此，在中职学生素质能力多元评价指标体系的构建上，要关注指标内容、评价方式、结果应用的教育意义，真正地发挥评价在提升中职学生思想品德水平、技术技能水平、就业创业能力上的作用，从而更好地促进他们综合素质的提高。

坚持民主性原则。《教育规划纲要》要求："适应中国国情和时代要求，建设依法办学、自主管理、民主监督、社会参与的现代学校制度，构建政府、学校、社会之间新型关系。"对于中职学校而言，建立现代学校制度，就是要健全企业参与制度，加强行业指导、评价和服务，建立学校、行业、企业、社区等共同参与的学校理事会或董事会等。为此，在中职学生素质能力多元评价指标体系的构建上，就评价的主体而言，不但要有教师的参与，还要有学生的参与，更重要的是要有行业企业的参与；就评价内容而言，不同的评价主体，要有不同的评价内容与方式，也要有不同的评价结果的使用形式。

## 三、中职学生素质能力多元评价的基本内容

基于以上对中职学生素质能力多元评价指标体系构建原则的讨论，我们基本上可以确定的是，就评价的主体而言，有教师、学生以及行业企业的评价；就评价的内容来讲，中职学生素质能力主要涉及思想品德、技术技能、就业创业能力等。本章第二节我们将对中职学生思想品德的多元评价进行讨论，第三节则对中职学生技术技能的多元评价进行介绍，第四节将对中职学生就业创业能力的多元评价做详细探讨。下图（图6-3）概要地介绍了中职学生素质能力多元评价的基本内容。

---

① 陈玉琨.一流学校的建设——陈玉琨教育讲演录[M].上海：华东师范大学出版社，2008（8）：75.

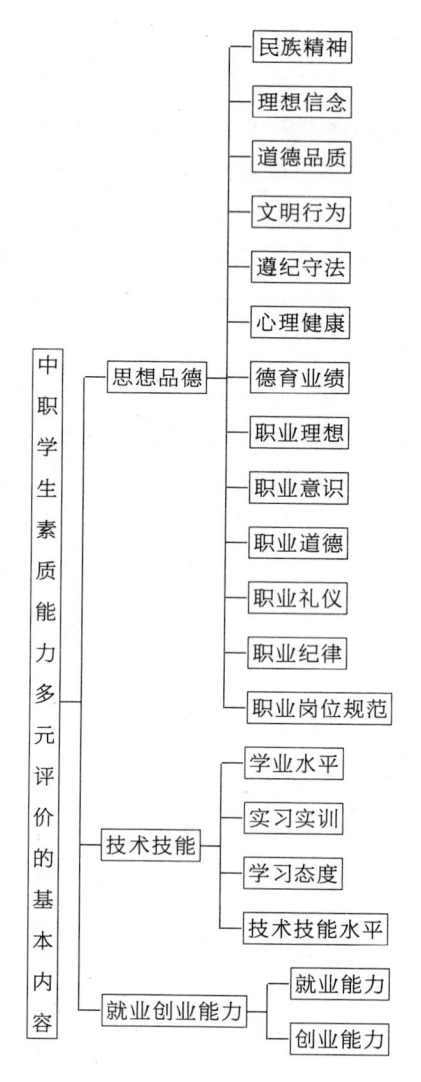

```
                                   ┌─ 民族精神
                                   ├─ 理想信念
                                   ├─ 道德品质
                                   ├─ 文明行为
                                   ├─ 遵纪守法
                                   ├─ 心理健康
                       ┌─ 思想品德 ─┼─ 德育业绩
                       │           ├─ 职业理想
                       │           ├─ 职业意识
                       │           ├─ 职业道德
中职学生素质能力         │           ├─ 职业礼仪
多元评价的基本内容 ─────┤           ├─ 职业纪律
                       │           └─ 职业岗位规范
                       │           ┌─ 学业水平
                       │           ├─ 实习实训
                       ├─ 技术技能 ─┤
                       │           ├─ 学习态度
                       │           └─ 技术技能水平
                       │                 ┌─ 就业能力
                       └─ 就业创业能力 ──┤
                                         └─ 创业能力
```

图 6-3　中职学生素质能力多元评价的基本内容

## 第二节 中职学生思想品德的多元评价

《德育大纲》指出:"中等职业学校德育目标是把学生培养成为爱党爱国、拥有理想、遵纪守法、具有良好道德品质和文明行为习惯的社会主义合格公民,成为敬业爱岗、诚信友善,具有社会责任感、创新精神和实践能力的高素质劳动者和技术技能人才,成为中国特色社会主义事业合格建设者和可靠接班人。"中职学生的思想品德是其重要的素质能力之一,直接关系到技术技能人才的质量。因此,对中职学生的思想品德进行评价就显得尤为重要。

### 一、中职学生思想品德教师评价

《德育大纲》在强调队伍建设时指出:"各地教育部门和学校要严格队伍选拔标准,优化队伍结构,制订班主任、德育课教师及其他德育工作者的培养培训规划,切实采取措施解决德育工作者在工作、生活等方面的实际问题,建设一支政治坚定、业务精湛、功能互补的德育工作队伍。"可见,包括班主任在内的教师队伍是学校德育工作队伍的主力军,为此要发挥教师对学生思想品德评价的作用。

中职学生思想品德教师评价的依据。《德育大纲》要求"以中国特色社会主义理论体系为统领,科学设置教育教学内容"。并将其内容划分为理想信念教育、中国精神教育、道德品行教育、法治知识教育、职业生涯教育、心理健康教育等六个部分。《德育大纲》同时还对课程教学提出了要求,"德育课是各专业学生必修的公共基础课,是学校德育的主渠道"。并强调,"其他公共基础课和专业技能课等课程教学要结合课程特点,充分挖掘德育因素,有机渗透德育内容,结合专业特点和岗位工作要求,寓德育于教学内容和教学过程之中"。不难看出,对于教师这一评价主体来讲,对学生的思想品德评价主要涉及民族精神、理想信念、道德品质、文明行为、遵纪守法、心理健康、德育业绩等内容。为此,我们确定了中职学生思想品德教师评价的基本框架(见图6-4)。

```
                              ┌─ 民族自尊心
                    ┌ 民族精神 ─┼─ 民族自信心
                    │         └─ 民族自豪感
                    │
                    │         ┌─ 政治觉悟
                    ├ 理想信念 ─┼─ 职业观
                    │         └─ 德育课成绩
                    │
                    │         ┌─ 集体荣誉感
中职学生思想品德    │         ├─ 人道主义精神
教师评价基本框架 ───┼ 道德品质 ─┤
                    │         ├─ 社会公德
                    │         └─ 家庭美德
                    │
                    │         ┌─ 日常行为规范
                    │         ├─ 仪表着装
                    ├ 文明行为 ─┤
                    │         ├─ 言谈举止
                    │         └─ 爱护环境
                    │
                    │         ┌─ 学校纪律
                    ├ 遵纪守法 ─┤
                    │         └─ 学校规章制度
                    │
                    │         ┌─ 应对挫折能力
                    ├ 心理健康 ─┼─ 匹配职业能力
                    │         └─ 适应社会能力
                    │
                    │         ┌─ 奖励
                    └ 德育业绩 ─┤
                              └─ 处罚
```

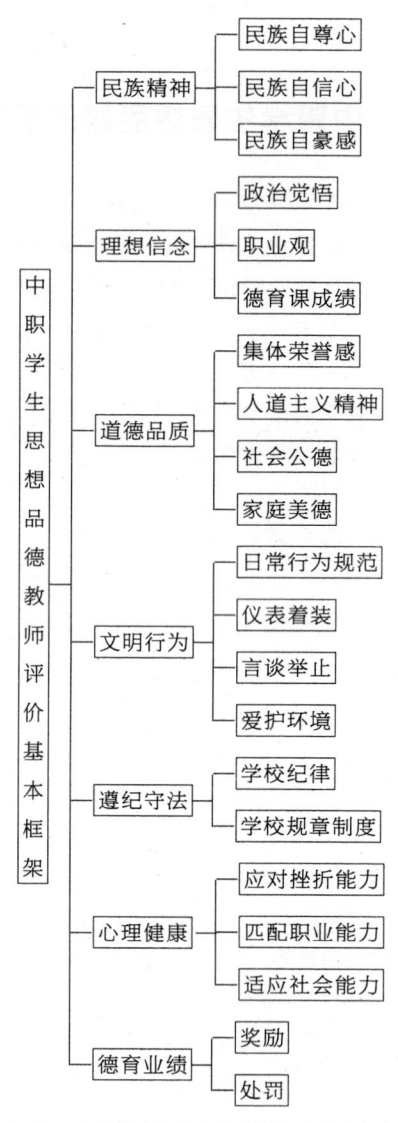

图 6-4 中职学生思想品德教师评价基本框架

中职学生思想品德教师评价的内容。民族精神涉及民族自尊心、民族自信心、民族自豪感三个方面。民族自尊心指的是维护祖国的尊严、荣誉、独立统一和各民族的大团结等；民族自信心指的是关心国家大事；民族自豪感则指的是作为中国人的情感、态度等。

理想信念。理想信念包括政治觉悟、职业观、德育课成绩三个部分。政治觉悟指的是拥护中国共产党人的领导，学生的世界观、人生观、价值观等；职业观指的是对自己职业、专业等的归属感与自豪感等；德育课成绩指的是知识学习，能力培养和行为养成的统一性以及在促进学生全面发展和综合职业能力形成中所发挥的积极作用。

道德品质。《德育大纲》在道德品行教育部分中要求开展"社会公德、职业道德、家庭美德、个人品德教育；学生日常行为规范、文明礼仪教育与训练；生命安全、艾滋病预防、毒品预防、环境保护等专题教育"。为此，我们把道德品质的二级指标确定为集体荣誉感、人道主义精神、社会公德、家庭美德等方面。集体荣誉感指的是对自己所在集体的归属感与荣誉感；人道主义精神指的是"我为人人，人人为我"的价值取向；社会公德指的是在学校以及公共场所所表现出来的良好行为；家庭美德指的是对老师、长辈的态度。

文明行为。文明行为通常包括学生日常行为规范、交往礼仪以及职业礼仪的教育与训练、保护环境的教育等。这里指向的是学生的日常行为规范、仪表着装、言谈举止、爱护环境等。

遵纪守法。遵纪守法注重的是遵守法律、职业纪律、岗位规范，自觉遵守学校纪律和规章制度等。对于教师评价而言，主要考查的是学生自觉遵守学校纪律和规章制度的情况。

心理健康。《德育大纲》在谈到心理健康教育时要求开展"心理健康基本知识和方法教育；青春期心理健康教育；职业心理素质教育；心理咨询、辅导和援助"。对于中职学生来讲，心理健康主要体现在如何应对挫折、匹配职业、适应社会等方面的能力。应对挫折能力指的是无论什么时候、遇到什么事总是能够保持愉快的心情，不消极怠工。匹配职业能力指的是总是敢于对自己的行为负责，做到成功时，不自满；失败时，不气馁。适应社会能力则指向对于老师、同学或同事的意见与建议，即使是批评，也总是能够诚心接受、不抵触等。

德育业绩。德育业绩分奖励与惩罚两个方面,奖励指的是获校级、区级、市级、国家级荣誉的加分,而惩罚则指的是受通报批评、警告、记过、留校察看等处罚的减分。表 6-1 为中职学生思想品德教师评价指标。

**表 6-1 中职学生思想品德教师评价指标**

专业:_____ 年级:_____ 被评人姓名:_____

评价者:_____ 评价时间:_____

| 一级指标及其权重 | 二级指标及其权重 | 三级指标 ||||
|---|---|---|---|---|---|
| | | 优秀 | 良好 | 一般 | 不合格 |
| 民族精神(0.1) | 民族自尊心(0.04) | 自觉维护祖国的尊严、荣誉、独立统一和各民族的大团结 | 能够维护祖国的尊严、荣誉、独立统一和各民族的大团结 | 民族自尊心较强 | 缺乏民族自尊心 |
| | 民族自信心(0.03) | 十分关心国家大事 | 比较关心国家大事 | 偶尔关心国家大事 | 从不关心国家大事 |
| | 民族自豪感(0.03) | 总是为自己是中国人感到骄傲 | 常常为自己是中国人感到骄傲 | 民族自豪感较强 | 缺乏民族自豪感 |
| 理想信念(0.2) | 政治觉悟(0.05) | 拥护中国共产党的领导和党的基本路线,有正确的世界观、人生观、价值观 | 拥护中国共产党的领导和党的基本路线,能够树立正确的世界观、人生观、价值观 | 拥护中国共产党的领导和党的基本路线,世界观、人生观、价值观较正确 | 在个人小结、作业、演讲等中有违背党的基本路线的话 |
| | 职业观(0.05) | 总是以自己的职业为荣,心中有集体、心中有他人 | 能够以自己的职业为荣,心中有集体、心中有他人 | 有时以自己的职业为荣,心中有时有集体、心中有时有他人 | 从未以自己的职业为荣,心中从未有集体、心中从未有他人 |
| | 德育课成绩(0.1) | 90~100 分 | 75~89 分 | 60~74 分 | 60 分以下 |

续表

| 一级指标及其权重 | 二级指标及其权重 | 三级指标 ||||
|---|---|---|---|---|---|
| | | 优秀 | 良好 | 一般 | 不合格 |
| 道德品质<br>（0.2） | 集体荣誉感<br>（0.05） | 为学校、班级取得的成绩感到高兴，积极为学校、班级办事 | 愿意为学校、班级做多数事情，有较强的集体荣誉感 | 有集体荣誉感，能够为学校、班级做一些事情 | 没有集体意识，拒绝为学校、班级做事 |
| | 人道主义精神<br>（0.05） | 奉献精神强，为人处世能设身处地为他人着想 | 有奉献精神，大多数情况下能做到先人后己 | 奉献精神较强，有时能够为他人着想 | 缺乏奉献精神，处处多为自己着想 |
| | 社会公德<br>（0.05） | 在走廊和楼梯上自觉做到右行礼让、不挤不乱、保持安静 | 在走廊和楼梯上能够做到右行礼让、不挤不乱、保持安静 | 在走廊和楼梯上偶尔做到右行礼让、不挤不乱 | 在走廊和楼梯上从未做到右行礼让、不挤不乱、保持安静 |
| | 家庭美德<br>（0.05） | 每周打电话给长辈，和长辈进行和谐交流 | 能够打电话给长辈，和长辈进行一些交流 | 偶尔打电话给长辈，很少和长辈进行交流 | 从不打电话给长辈，从不和长辈进行交流 |
| 文明行为<br>（0.2） | 日常行为规范<br>（0.05） | 认真遵守日常行为规范，没有出现违反日常行为规范的行为 | 能够遵守日常行为规范，没有出现违反日常行为规范的行为 | 有时遵守日常行为规范，偶尔有违反日常行为规范的行为 | 从不遵守日常行为规范，经常出现违反日常行为规范的行为 |
| | 仪表着装<br>（0.05） | 着装总是符合学校要求，仪表大方 | 着装常常符合学校要求，仪表较大方 | 着装有时符合学校要求，仪表一般 | 着装从不符合学校要求，仪表较差 |
| | 言谈举止<br>（0.05） | 言谈举止总是符合学校要求 | 言谈举止常常符合学校要求 | 言谈举止有时符合学校要求 | 言谈举止从不符合学校要求 |
| | 爱护环境<br>（0.05） | 发现地上有纸屑、垃圾袋总是能主动捡起来，并放到垃圾箱中 | 发现地上有纸屑、垃圾袋能主动捡起来，并放到垃圾箱中 | 发现地上有纸屑、垃圾袋有时能主动捡起来，并放到垃圾箱中 | 发现地上有纸屑、垃圾袋，从不捡起来并放到垃圾箱中 |

续表

| 一级指标及其权重 | 二级指标及其权重 | 三级指标 | | | |
|---|---|---|---|---|---|
| | | 优秀 | 良好 | 一般 | 不合格 |
| 遵纪守法（0.2） | 学校纪律（0.1） | 组织纪律性强，从不迟到、早退、旷课 | 有一定组织纪律性，偶尔迟到、早退 | 组织纪律性较差 | 组织纪律性差，经常迟到、旷课 |
| | 学校规章制度（0.1） | 总是遵守学校规章制度 | 能够遵守学校规章制度 | 有时遵守学校规章制度 | 从不遵守学校规章制度 |
| 心理健康（0.1） | 应对挫折能力（0.04） | 无论什么时候、遇到什么事总是能够保持愉快的心情，不消极怠工 | 无论什么时候、遇到什么事能够保持愉快的心情，不消极怠工 | 无论什么时候、遇到什么事有时能够保持愉快的心情，不消极怠工 | 无论什么时候、遇到什么事很难保持愉快的心情，常常消极怠工 |
| | 匹配职业能力（0.03） | 总是敢于对自己的行为负责，做到成功时，不自满；失败时，不气馁 | 能够对自己的行为负责，做到成功时，不自满；失败时，不气馁 | 有时对自己的行为负责，有时做到成功时，不自满；失败时，不气馁 | 从未对自己的行为负责，成功时自满、失败时气馁 |
| | 适应社会能力（0.03） | 对于老师、同学或同事的意见与建议，即使是批评，也总是能够诚心接受、不抵触 | 对于老师、同学或同事的意见与建议，即使是批评，也能够诚心接受、不抵触 | 对于老师、同学或同事的意见与建议，有时能够做到诚心接受、不抵触 | 对于老师、同学或同事的意见与建议，从未做到诚心接受、不抵触 |
| 德育业绩 | 奖励 | 加分 | 本学期获校级荣誉一项加1分，区级荣誉一项加2分，市级荣誉一项加3分，国家级荣誉一项加4分。累计加分不超过5分，超过5分按5分计 | | |
| | 处罚 | 减分 | 本学期被通报批评一次减1分，受警告一次减2分，记过一次减3分，留校察看一次减4分。累计减分不超过5分，超过5分按5分计 | | |
| | 最后合计得分 | | | | |
| 评价等级（不合格、一般、良好、优秀） | | | | | |
| 填表说明 | | 评价等级"优秀""良好""一般""不合格"对应分值分别为90~100分、75~89分、60~74分、60分以下，各项评价分乘上权重系数再求和，再加上奖励加分或处罚减分即为教师对该生的思想品德评价得分。 | | | |

中职学生思想品德教师评价指标体系的运用。中职学生思想品德教师评价指标体系中六个一级指标的权重分别为 0.10，0.20，0.20，0.20，0.20，0.10。各二级指标也赋予了相应的权重，如一级指标"遵纪守法"中的二级指标"学校纪律"与"学校规章制度"分别赋予 0.10，0.10 的权重。此外，设置了德育业绩部分，最高加分与减分均为 5 分。表 6-2 为中职学生思想品德教师评价情况汇总表。

表 6-2 中职学生思想品德教师评价情况汇总表

专业：_____  年级：_____  评价时间：_____

| 学生姓名 | 评价指标 ||||||| 总分 | 等级 |
| --- | --- | --- | --- | --- | --- | --- | --- | --- | --- |
| | 民族精神 | 理想信念 | 道德品质 | 文明行为 | 遵纪守法 | 心理健康 | 德育业绩 || | |
| | | | | | | | 奖励 | 处罚 | | |
| | | | | | | | | | | |

## 二、中职学生思想品德行业企业评价

《德育大纲》在阐述德育途径时指出："实训实习是学校教育教学的基本环节。学校要结合实训实习的特点和内容，抓住中职学生与社会实际、生产实际、岗位实际以及一线劳动者密切接触的时机，进行以敬业爱岗、诚实守信为重点的职业道德教育，进行职业纪律和安全生产教育，培养学生爱劳动、爱劳动人民的情感，增强学生讲安全、守纪律、重质量、求效率的意识。"同时要求："学校和企业要共同组织开展实训实习期间的德育工作，学校要安排专人负责实训实习期间的教学管理和德育工作。"并特别在德育评价部分强调："对实训实习学生的品德评定应由学校和实训实习单位共同完成。"可见，行业企业在学生的思想品德评价中同样发挥着不可替代的作用。

中职学生思想品德行业企业评价的依据。从以上《德育大纲》对实训实习的要求中，不难看出，职业道德、职业纪律应该成为行业企业对学生思想品德评价的重点，但并不是其评价的全部。《德育大纲》还要求，要对学生开展"立足岗位、奉献社会的职业理想教育""职业精神教育；就业创业准备教育；终身学习和职业生涯可持续发展教育""文明礼仪教育与训练""职业心理素质教育"等。这样，我们就从中职教育的职业性出发，基于《德育大纲》的要求，将行业企业对中职学生思想品德的评价总的维度确定为职业理想、职业意识、职业道德、职业礼仪、职业纪律、职业岗位规范等六个方面。其评价的基本框架如下（见图6-5）。

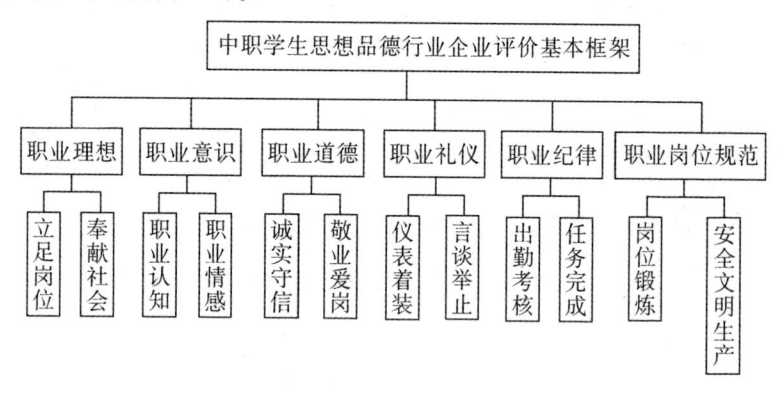

```
                    中职学生思想品德行业企业评价基本框架
    ┌───────┬───────┬───────┬───────┬───────┬───────┐
  职业理想  职业意识  职业道德  职业礼仪  职业纪律  职业岗位规范
   ┌─┴─┐   ┌─┴─┐   ┌─┴─┐   ┌─┴─┐   ┌─┴─┐   ┌─┴─┐
  立  奉   职  职   诚  敬   仪  言   出  任   岗  安
  足  献   业  业   实  业   表  谈   勤  务   位  全
  岗  社   认  情   守  爱   着  举   考  完   锻  文
  位  会   知  感   信  岗   装  止   核  成   炼  明
                                                  生
                                                  产
```

图6-5 中职学生思想品德行业企业评价基本框架

职业理想。《德育大纲》要求开展"立足岗位、奉献社会的职业理想教育"，为此我们将职业理想分为立足岗位与奉献社会两个维度。立足岗位指向的是岗位的忠诚度与尽职尽责情况；奉献社会则指向的是弘扬"奉献、友爱、互助、进步"的志愿精神。

职业意识。大家知道，实训实习是对学生进行劳动观念、职业意识、敬业精神、职业纪律、职业责任感教育和促进职业道德行为习惯养成的重要途径，可见，职业意识对于中职学生成长的重要性。为此，我们将职业意识分为职业认知与职业情感两部分。职业认知指向的是对自己从事工作的认识，而职业情感则指向的是对单位与工作的归属感与荣誉感。

职业道德。《德育大纲》要求"进行以敬业爱岗、诚实守信为重点的职业道德教育"，可见，职业道德可以分成敬业爱岗、诚实守信两个维度。敬业爱岗指的是对岗位的热爱程度，而诚实守信则指的是一个人的信誉度。

职业礼仪。职业礼仪分为仪表着装与言谈举止两个方面。仪表着装是指仪表与着装的规范性,而言谈举止则是语言与行为的礼貌性、适切性等。

职业纪律。职业纪律指的是出勤考核与任务完成情况。出勤考核是从组织纪律性来考核的;任务完成是从是否按质、按量完成岗位生产任务来考核的。

职业岗位规范。职业岗位规范指的是岗位锻炼与安全文明生产情况。岗位锻炼指的是对岗位锻炼的态度、岗位的适应性以及在岗位上做出的业绩等,而安全文明生产则是指安全文明意识、操作规程遵守以及设备的爱护等。表 6-3 为中职学生思想品德行业企业评价指标。

表 6-3  中职学生思想品德行业企业评价指标

专业:_____    年级:_____    被评人姓名:_____

评价者:_____    评价时间:_____

| 一级指标及其权重 | 二级指标及其权重 | 三级指标 ||||
|---|---|---|---|---|---|
| | | 优秀 | 良好 | 一般 | 不合格 |
| 职业理想<br>(0.1) | 立足岗位<br>(0.05) | 总是能忠于职守,不擅离工作岗位 | 常常能忠于职守,不擅离工作岗位 | 有时能忠于职守 | 从不忠于职守,总是擅离工作岗位 |
| | 奉献社会<br>(0.05) | 积极参加各种志愿者服务活动 | 愿意参加多数志愿者服务活动 | 能够参加一些志愿者服务活动 | 从不参加志愿者服务活动 |
| 职业意识<br>(0.1) | 职业认知<br>(0.05) | 总是关心自己的工作如何为企业做出更多贡献 | 常常关心自己的工作如何为企业做出一些贡献 | 有时会想到自己的工作如何为企业做出一点儿贡献 | 从不想到自己的工作该如何为企业做出贡献 |
| | 职业情感<br>(0.05 分) | 总是以自己的专业为荣,把企业看作是"家"的一部分 | 常常以自己的专业为荣,把企业看作是"家"的一部分 | 有时以自己的专业为荣,把企业看作是"家"的一部分 | 对自己的专业、企业没有什么情感 |

续表

| 一级指标及其权重 | 二级指标及其权重 | 三级指标 | | | |
|---|---|---|---|---|---|
| | | 优秀 | 良好 | 一般 | 不合格 |
| 职业道德（0.2） | 诚实守信（0.1） | 总是为人诚恳，信誉度高，有很强的责任心 | 信誉度较好，责任心较强 | 有时能做到诚实守信、以诚待人，责任心一般 | 为人不诚信，甚至弄虚作假，缺乏责任心 |
| | 敬业爱岗（0.1） | 积极维护企业形象、利益 | 能够维护企业形象、利益 | 有时维护企业形象、利益 | 从不维护企业形象、利益 |
| 职业礼仪（0.2） | 仪表着装（0.1） | 着装总是符合企业要求，仪表大方 | 着装能够符合企业要求，仪表大方 | 着装有时符合企业要求，仪表一般 | 着装从不符合企业要求，仪表较差 |
| | 言谈举止（0.1分） | 言谈举止总是符合企业要求 | 言谈举止常常符合企业要求 | 言谈举止有时符合企业要求 | 言谈举止从不符合企业要求 |
| 职业纪律（0.2） | 出勤考核（0.1） | 组织纪律性强，从不迟到、早退、旷工 | 有一定组织纪律性，偶尔迟到、早退 | 组织纪律性较差，不时迟到、早退 | 组织纪律性差，经常旷工 |
| | 任务完成（0.1） | 总是按质、按量完成岗位生产任务 | 按质、按量完成岗位生产大多数任务 | 按质、按量完成岗位生产一些任务 | 从不完成岗位生产任务 |
| 职业岗位规范（0.2） | 岗位锻炼（0.1） | 积极参加企业的各种岗位锻炼，适应性强，业绩突出 | 愿意参加企业的各种岗位锻炼，适应性较强，业绩较突出 | 能够参加企业的各种岗位锻炼，适应性、业绩一般 | 不适应企业的岗位，业绩差 |
| | 安全文明生产（0.1） | 认真遵守操作规程，总是爱护实训设备 | 愿意遵守操作规程，大多数情况下爱护实训设备 | 能够遵守操作规程，有时爱护实训设备 | 不遵守操作规程，不爱护实训设备 |
| 数后合计得分 | | | | | |
| 评价等级（不合格、合格、良好、优秀） | | | | | |
| 填表说明 | 评价等级"优秀""良好""一般""不合格"对应分值分别为90~100分，75~89分，60~74分，60分以下，各项评价分乘上权重系数再求和，即为行业企业对该生的思想品德评价得分。 | | | | |

中职学生思想品德行业企业评价指标体系的运用。 中职学生思想品德行业企业评价指标体系中六个一级指标的权重分别为 0.10，0.10，0.20，0.20，0.20，0.20。 各二级指标也赋予了相应的权重，如一级指标"职业道德"中的二级指标"诚实守信"与"敬业爱岗"分别赋予0.10，0.10 的权重。 表 6-4 为中职学生思想品德行业企业评价情况汇总表。

表 6-4 中职学生思想品德行业企业评价情况汇总表

专业：_____　　年级：_____　　评价时间：_____

| 学生姓名 | 评价指标 ||||||  总分 | 等级 |
|---|---|---|---|---|---|---|---|---|
|  | 职业理想（0.1分） | 职业意识（0.1分） | 职业道德（0.2分） | 职业礼仪（0.2分） | 职业纪律（0.2分） | 职业岗位规范（0.2分） |  |  |
|  |  |  |  |  |  |  |  |  |

## 三、中职学生思想品德学生评价

《德育大纲》指出，要"充分发挥团组织团结青年、组织青年、引导青年、服务青年和维护青少年合法权益的职能。 要加强学生会和学生社团的管理与服务工作，指导建立各类社团和课外兴趣小组，积极开展各种有益学生身心健康的活动，充分发挥学生自我服务、自我管理、自我教育的作用"。 并要求"要进行深入细致的思想教育，同时要加强科学严格的管理，增强学生接受教育的主动性，实现教育与自我教育、自律与他律、激励与约束有机结合"。 可见，学生在思想品德评价中同样发挥着重要的作用。

中职学生思想品德学生评价的依据。 从《德育大纲》把德育内容划分为理想信念教育、中国精神教育、道德品行教育、法治知识教育、职业生涯教育、心理健康教育六个部分来看，这些要求都需要落实到全员、全程、全方位育人上来。 为此，我们将中职学生思想品德学生评价的维度确定为民族精神、理想信念、道德品质、文明行为、遵纪守法、心理健康六个维度。

中职学生思想品德学生评价的内容。 在民族精神上，我们选择了"懂得我国各民族之间要互相尊重，团结友爱的道理""知道国家一些重大成就，为自己是中国人感到自豪"等体现以爱国主义为核心的民族精神等内容。 在理想信念上，选择了"不论在何地遇到升旗仪式，我都会停下来行注目礼""我总是对实习实训拥有好奇与向往"等体现社会主义核心价值观、中国特色社会主义和"中国梦"等内容。在道德品质上,选择了"爱惜公共物品,即使是使用别人的东西,也懂得好好爱护""面对父母做的可口的饭菜,我能向他们说声'谢谢'""老师给自己讲题或布置任务的时候,我懂得给老师让座""在学校遇到外来听课、参观、考察人员,我都向他们问好"等体现社会公德、家庭美德、个人品德等内容。在文明行为上,则选择了"爱护身边的环境,注意节约资源""班级或学校集会的时候,不在下面说话或议论""能够尊重、接纳与自己的生活方式或习惯不同的人,并做到和谐相处"等体现学生日常行为规范、文明礼仪等内容。在遵纪守法上,选择了"能自觉遵守学校提出的仪表规范要求""不迟到、不早退、不旷课,进校或企业后不随便外出"等体现校纪校规要求的内容。在心理健康上选择了"当有不良情绪袭来时,我能知道引起这种情绪的原因,并做到自我调节""能主动承担任务,当遇到困难时不轻易放弃,能够坚持"等体现心理健康基本知识和方法的内容。表 6-5 为中职学生思想品德学生自评(互评)表。

表 6-5　中职学生思想品德学生自评(互评)表

专业:_____　　年级:_____　　被评人姓名:_____

评价者:_____　　评价时间:_____

| 评价项目 | | 完全符合 | 比较符合 | 比较不符合 | 完全不符合 |
|---|---|---|---|---|---|
| 民族精神 | (1)我(他)懂得我国各民族之间要互相尊重、团结友爱的道理 | | | | |
| | (2)我(他)知道国家一些重大成就,为自己是中国人感到自豪 | | | | |
| | (3)我(他)能尊重少数民族的风俗习惯 | | | | |
| | (4)我(他)懂得本职工作与学习、个人理想与祖国的繁荣富强应该紧密联系起来 | | | | |
| 理想信念 | (1)不论在何地遇到升旗仪式,我(他)都会停下来行注目礼 | | | | |
| | (2)我(他)在学校或班级活动中始终积极、乐观向上 | | | | |
| | (3)我(他)总是对实习实训拥有好奇与向往 | | | | |

续表

| | 评价项目 | 完全符合 | 比较符合 | 比较不符合 | 完全不符合 |
|---|---|---|---|---|---|
| 道德品质 | （1）我（他）爱惜公共物品，即使是使用别人的东西，也懂得好好爱护 | | | | |
| | （2）别人有困难了，我（他）能够提供力所能及的帮助 | | | | |
| | （3）我（他）懂得"儿行千里母担忧"的道理 | | | | |
| | （4）在未征得他人允许的情况下，我（他）不进入他人的房间、不动用他人的物品 | | | | |
| | （5）与别人打交道的时候，我（他）会向他们说声"谢谢"或"再见" | | | | |
| | （6）面对父母做的可口饭菜，我（他）能向他们说声"谢谢" | | | | |
| | （7）我（他）能在家内主动做一些家务活 | | | | |
| | （8）我（他）能够记住长辈的生日，并向他们说声"生日快乐" | | | | |
| | （9）我（他）知道班主任几点钟到校、几点钟离校 | | | | |
| | （10）老师给自己讲题或布置任务的时候，我（他）懂得给老师让座 | | | | |
| | （11）我（他）能将自己的房间（宿舍）收拾得井井有条 | | | | |
| | （12）我（他）能做到借用他人的钱物及时归还 | | | | |
| | （13）对于图书馆的书，我（他）能做到不折角、不乱画 | | | | |
| | （14）在学校遇到外来听课、参观、考察人员，我（他）都向他们问好 | | | | |
| | （15）我（他）知道尊重和珍惜生命 | | | | |
| | （16）我（他）能保质保量地完成自己所接受的各种任务 | | | | |

续表

| | 评价项目 | 完全符合 | 比较符合 | 比较不符合 | 完全不符合 |
|---|---|---|---|---|---|
| 文明行为 | （1）我（他）爱护身边的环境，注意节约资源 | | | | |
| | （2）我（他）懂得守时就是要提前3～5分钟 | | | | |
| | （3）我（他）能做到不在桌面、墙面上乱涂乱画 | | | | |
| | （4）我（他）买饭的时候，能做到不插队、不代买、按顺序排队 | | | | |
| | （5）我（他）听到集合信号时，迅速在指定场所列队 | | | | |
| | （6）上课同学趴在桌子上睡觉或不听讲，我（他）能够提醒他 | | | | |
| | （7）开门、关门的时候，我（他）能做到轻，并关照一下后面紧随你的人 | | | | |
| | （8）课间时，我（他）能做到不喧哗、打闹、追逐，能保持教室安静 | | | | |
| | （9）我（他）能一贯做到"垃圾不落地，便后要冲水" | | | | |
| | （10）我（他）发现地上有纸屑、垃圾袋能主动捡起来，并放到垃圾箱中 | | | | |
| | （11）我（他）吃完口香糖后，能用纸包起来扔进垃圾箱 | | | | |
| | （12）看到教室或学校其他地方无人亮灯、水龙头淌水时，我（他）都将其关好 | | | | |
| | （13）班级或学校集会的时候，我（他）不在下面说话或议论 | | | | |
| | （14）我（他）能够尊重、接纳与自己的生活方式或习惯不同的人，并做到和谐相处 | | | | |
| | （15）我（他）在走廊和楼梯上能做到右行礼让、不挤不乱、保持安静 | | | | |

续表

| 评价项目 | | 完全符合 | 比较符合 | 比较不符合 | 完全不符合 |
|---|---|---|---|---|---|
| 遵纪守法 | (1)我(他)理解遵纪守法的意义,同时理解规则的意义,在制订活动规则时,能够做到与同学或他人协商 | | | | |
| | (2)我(他)懂得"有过只是一过,不肯认过又是一过"的道理,做了错事勇于承认,不说谎 | | | | |
| | (3)我(他)能自觉遵守学校提出的仪表规范要求 | | | | |
| | (4)我(他)能自觉遵守基本的安全规则和交通规则 | | | | |
| | (5)我(他)早上能够做到不"赖床" | | | | |
| | (6)我(他)能够做到不迟到、不早退、不旷课,进校或企业后不随便外出 | | | | |
| 心理健康 | (1)当有不良情绪袭来时,我(他)能知道引起这种情绪的原因,并做到自我调节 | | | | |
| | (2)当考试或比赛失利时,我(他)能保持平和心态,并做到向优胜者忠诚地祝贺 | | | | |
| | (3)我(他)能主动承担任务,当遇到困难不轻易放弃,能够坚持 | | | | |
| 最后合计得分 | | | | | |
| 填表说明 | 评价等级"完全符合""比较符合""比较不符合""完全不符合"对应分值分别为3分,2分,1分,0分,各等级量化分数乘以等级个数之和再乘以100与等级量化最高分乘以总评价项之比,即为对该生的思想品德自评或互评得分。 | | | | |

中职学生思想品德学生自评与互评指标体系的运用。中职学生思想品德自我评价与互评贯穿于学生思想道德教育的全过程。根据上述得分计算规则,假如某生"完全符合"项为30项、"比较符合"为8项、"比较不符合"为7项、"完全不符合"为2项,则该生自评(互评)得分为:$(3 \times 30 + 2 \times 8 + 1 \times 7 + 0 \times 2) \times 100 \div (3 \times 47) = 80.14$。表6-6为中职学生思想品德自评(互评)情况汇总表。

表 6-6 中职学生思想品德学生自评（互评）情况汇总表

专业：_____  年级：_____
评价时间：_____  评价者：_____

| 被评价人 | 得分 | 备注 | 被评价人 | 得分 | 备注 |
|---|---|---|---|---|---|
|  |  |  |  |  |  |

以上我们分别从教师、学生自评与互评、行业企业评价的角度探讨了中职学生思想品德评价，如果在各自评价主体评价结果的基础上，分别对其赋予不同的权重，就可以计算出某生在某一阶段的思想品德评价的得分。假如我们对教师评价、学生互评、学生自评、行业企业评价分别赋予 0.30，0.30，0.10，0.30 的权重，则某生在某一阶段的思想品德评价得分为各评价主体的评价得分乘以各自的权重之和。表 6-7 为中职学生思想品德评价情况汇总表。

表 6-7 中职学生思想品德评价情况汇总表

专业：_____  年级：_____  评价时间：_____

| 学生姓名 | 教师评价（0.3） | 学生互评（0.3） | 学生自评（0.1） | 行业企业评价（0.3） | 总分 | 备注 |
|---|---|---|---|---|---|---|
|  |  |  |  |  |  |  |

## 第三节 中职学生技术技能的多元评价

《体系建设规划》指出："健全职业教育质量评价制度。以学习者的职业道德、技术技能水平和就业质量为核心，建立职业教育质量评价体系。完善学校、行业、企业、研究机构和其他社会组织共同参与的职业教育质量评价机制。"《人才培养质量意见》也要求："要定期开展职业院校教学工作和专业教学情况评价，把学生的职业道德、技术技能水平和就业质量作为考核学校教学质量的重要指标，积极推行技能抽查、学业水平测试、综合素质评价等。"可见，学生的技术技能在职业教育质量评价体系中拥有极其重要的地位，它业已成为考核学校教学质量的重要指标。那么，中职学生技术技能又应该怎样评价？下面，我们从学生学业水平、实习实训、学习态度、技术技能水平等方面对其评价做一个探讨。

## 一、中职学生学业水平评价

《专业教学标准意见》强调："中等职业教育是高中阶段教育的重要组成部分，其课程设置分为公共基础课程和专业技能课程两类，专业技能课包括专业核心课和专业（技能）方向课。""公共基础课程包括德育课、文化课、体育与健康课、艺术课及其他选修公共课程。""专业技能课程应当按照相应职业岗位（群）的能力要求，采用专业核心课程加专业（技能）方向课程的课程结构。"并在教学评价上提出具体要求，要求"教学评价应体现评价主体、评价方式、评价过程的多元化，注意吸收行业企业参与"。

基于以上要求，我们对专业技能课程的学业水平进行评价，一是对专业（技能）方向课程的学业水平进行评价，二是对专业核心课程的学业水平进行评价。

在专业（技能）方向课程的学业水平评价上，将评价主体分为教师、学生、行业企业，分别赋予不同的权重，若教师评价为0.3、学生自评为0.1、学生互评为0.2、行业企业评价为0.4，则可以计算出某位学生在某一专业（技能）方向课程上的学业水平评价得分（见表6-8）。

**表6-8　中职学生专业（技能）方向课程学业水平不同评价主体评价情况汇总表**

专业：_____　　　年级：_____　　　评价时间：_____

| 序号 | 学生姓名 | 专业（技能）方向课程1 | | | | …… | 总分 |
|---|---|---|---|---|---|---|---|
| | | 教师评价（0.3） | 学生自评（0.1） | 学生互评（0.2） | 行业企业评价（0.4） | | |
| | | | | | | | |

以此类推，我们可以得出专业（技能）方向课程2、专业（技能）方向课程3……等学业水平得分（见表6-9）。

**表 6-9　中职学生专业（技能）方向课程学业水平评价情况汇总表**

专业：_____　　　年级：_____　　　评价时间：_____

| 序号 | 学生姓名 | 专业（技能）方向课程1 | 专业（技能）方向课程2 | 专业（技能）方向课程3 | …… | 总分 |
|---|---|---|---|---|---|---|
|  |  |  |  |  |  |  |

注：每学期可以根据所开设的专业（技能）方向课程赋予不同的权重，然后得出专业（技能）方向课程学业水平评价分。

同样，在专业核心课程的学业水平评价上，我们也可以依据不同的评价主体（见表 6-10），计算出学生的专业核心课程的学业水平评价分（见表 6-11）。

**表 6-10　中职学生专业核心课程学业水平不同评价主体评价情况汇总表**

专业：_____　　　年级：_____　　　评价时间：_____

| 序号 | 学生姓名 | 专业核心课程1 ||||  …… | 总分 |
|---|---|---|---|---|---|---|---|
|  |  | 教师（0.3） | 学生自评（0.1） | 学生互评（0.2） | 行业企业（0.4） |  |  |
|  |  |  |  |  |  |  |  |

**表 6-11　中职学生专业核心课程学业水平评价情况汇总表**

专业：_____　　　年级：_____　　　评价时间：_____

| 序号 | 学生姓名 | 专业核心课程1 | 专业核心课程2 | 专业核心课程3 | …… | 总分 |
|---|---|---|---|---|---|---|
|  |  |  |  |  |  |  |

注：每学期可以根据所开设的专业核心课程赋予不同的权重，然后得出专业核心课程学业水平评价分。

## 二、中职学生实习实训评价

《专业教学标准意见》指出："实训实习是专业技能课程教学的重要内容，是培养学生良好的职业道德，强化学生实践能力和职业技能，提高综合职业能力的重要环节。 实训实习包含校内实训、校外实训和顶岗实习等多种实训实习形式。 实训实习应明确校内实训实习室和校外实训实习基地及其必备设备等实训实习环境要求，保证学生顶岗实习的岗位与其所学专业面向的岗位群基本一致。"可见，实习实训在中职学生技术技能培养上的重要性。 对于实习实训的评价，《人才培养质量意见》则要求："要促进知识与技能相结合、理论与实践相统一，加强兼具生产、教学和研发功能的实习实训基地建设，积极推行校内实习、创岗实习、跟岗实习、顶岗实习等多种实习形式，并强化以育人为目标的实习实训考核评价。"

基于此，我们从教师、学生、行业企业等三个评价主体确定了实训实习的评价指标体系。 就教师对中职学生实习实训的评价而言，主要从技术技能认知、操作、创新及实训项目考核晋级等方面来评价（见表6-12）。

**表6-12 中职学生实习实训教师评价表**

专业：_____   年级：_____   被评人姓名：_____
评价者：_____   评价时间：_____

| 序号 | 评价项目（权重） | 评价内涵 | 评价等级 ||||  得分 |
|---|---|---|---|---|---|---|---|
| | | | 好 | 较好 | 一般 | 较差 | |
| 1 | 技术技能认知（0.3） | 能运用观察、记忆、想象等多种方式获得技术技能的基本要点、操作要领和规程（0.2） | | | | | |
| | | 知道单项技能之间的相互关系以及整个技能的关键要素（0.1） | | | | | |

续表

| 序号 | 评价项目（权重） | 评价内涵 | 评价等级 好 | 较好 | 一般 | 较差 | 得分 |
|---|---|---|---|---|---|---|---|
| 2 | 技术技能操作（0.4） | 能模仿技能，技能定型化、一体化（0.1） | | | | | |
| | | 能整合技能，技能连贯性、综合性好（0.1） | | | | | |
| | | 能对技能熟练应用，做到整体化、综合化和系统化（0.2） | | | | | |
| 3 | 技术技能创新（0.3） | 能对技能水平和任务质量的影响因素进行归因分析（0.15） | | | | | |
| | | 能创造出新的动作和操作方式（0.15） | | | | | |
| 4 | | 实训项目考核晋级 | 通过一个实训项目考核计1分 | | | | |
| 最后合计得分 | | | | | | | |
| 评价等级（好、较好、一般、较差） | | | | | | | |
| 填表说明 | | 评价等级"好""较好""一般""较差"对应分值分别为90~100分、75~89分、60~74分、60分以下，将各项评价分乘上权重系数再求和，即为教师对该生技术技能认知、技术技能操作、技术技能创新的实习实训评价得分。加上"实训项目考核晋级"得分，即为教师对该生实习实训评价得分。 | | | | | |

为了方便统计，我们设计了中职学生实习实训教师评价情况汇总表（见表6-13）。

表6-13　中职学生实习实训教师评价情况汇总表

专业：_____　　年级：_____　　评价时间：_____

| 学生姓名 | 评价指标 | | | 实训项目考核晋级 | 总分 | 等级 |
|---|---|---|---|---|---|---|
| | 技术技能认知（0.3） | 技术技能操作（0.4） | 技术技能创新（0.3） | | | |
| | | | | | | |
| | | | | | | |

就行业企业对中职学生实习实训的评价而言，主要从模仿、仿制、精通、应用、创新等方面来评价（见表6-14）。

## 表 6-14　中职学生实习实训行业企业评价表

专业：_____　　年级：_____　　被评人姓名：_____
评价者：_____　　评价时间：_____

| 一级指标 | 二级指标 | 评价内涵 | 好 | 较好 | 一般 | 较差 | 得分 |
|---|---|---|---|---|---|---|---|
| 模仿<br>（0.2） | 单项模仿<br>（0.1） | 知晓各个单项技能之间的联系，并进行有效模仿 | | | | | |
| | 综合模仿<br>（0.1） | 了解整个技能的关键要素，能将各个单项的技能整合在一起，并进行综合模仿 | | | | | |
| 仿制<br>（0.2） | 连贯性<br>（0.1） | 能将各个局部的、分散的技能结构转化成为连贯的动作 | | | | | |
| | 准确性<br>（0.1） | 能排除相关动作之间的不良干扰，动作成功率高 | | | | | |
| 精通<br>（0.2） | 综合度<br>（0.06） | 动作有序，整体化程度高 | | | | | |
| | 协调度<br>（0.07） | 各个动作要素协调连接，系统化程度高 | | | | | |
| | 熟练度<br>（0.07） | 动作娴熟，自动化程度高 | | | | | |
| 应用<br>（0.2） | 适应性<br>（0.06） | 所掌握的技能能够适应不同工作环境的要求 | | | | | |
| | 针对性<br>（0.07） | 能运用知识与技能在实践中解决实际问题 | | | | | |
| | 高效性<br>（0.07） | 能保质保量完成各种工作任务 | | | | | |
| 创新<br>（0.2） | 创新意识<br>（0.1） | 能对动作的准确和熟练程度、工作任务的完成质量、安全和环保意识进行自我反思 | | | | | |
| | 创新能力<br>（0.1） | 能对相关工艺的改造提出建议，设计出新的技能方式 | | | | | |
| 最后合计得分 | | | | | | | |

续表

| 一级指标 | 二级指标 | 评价内涵 | 评价等级 ||||  得分 |
|---|---|---|---|---|---|---|---|
| | | | 好 | 较好 | 一般 | 较差 | |
| 评价等级(好、较好、一般、较差) | | | | | | | |
| 填表说明 | | 评价等级"好""较好""一般""较差"对应分值分别为 90~100 分，75~89 分，60~74 分，60 分以下，各项评价分乘上权重系数再求和，即为行业企业对该生的实习实训评价得分。 | | | | | |

为了方便统计，我们设计了中职学生实习实训行业企业评价情况汇总表（见表 6-15）。

**表 6-15　中职学生实习实训行业企业评价情况汇总表**

专业：＿＿＿＿　　年级：＿＿＿＿　　评价时间：＿＿＿＿

| 学生姓名 | 评价指标 |||||  总分 | 等级 |
|---|---|---|---|---|---|---|---|
| | 模仿(0.2) | 仿制(0.2) | 精通(0.2) | 应用(0.2) | 创新(0.2) | | |
| | | | | | | | |

大家知道，实训实习既是强化学生职业技能、提高其全面素质和综合职业能力的重要教学环节，也是对学生进行劳动观念、职业意识、敬业精神、职业纪律、职业责任感教育和促进职业道德行为习惯养成的重要途径。就学生对中职学生实习实训的评价而言，主要从实习实训的态度、任务完成等方面来评价（见表 6-16）。

**表 6-16　中职学生实习实训学生互评（自评）评价表**

专业：＿＿＿＿　　年级：＿＿＿＿　　被评人姓名：＿＿＿＿
评价者：＿＿＿＿　　评价时间：＿＿＿＿

| 评价项目 | 完全符合 | 比较符合 | 比较不符合 | 完全不符合 |
|---|---|---|---|---|
| （1）能积极参加实习实训 | | | | |
| （2）在实习实训中做到不迟到、不早退，做到有事先请假 | | | | |

续表

| 评价项目 | 完全符合 | 比较符合 | 比较不符合 | 完全不符合 |
|---|---|---|---|---|
| (3)在实习实训中能做到服从学校与企业的安排 | | | | |
| (4)能认真完成实习实训中的各项任务 | | | | |
| (5)能够正确认识实习实训的意思 | | | | |
| (6)能够树立正确的劳动观念 | | | | |
| (7)具有良好的职业意识 | | | | |
| (8)敬业精神强 | | | | |
| (9)遵守职业纪律 | | | | |
| (10)具有良好的职业责任感 | | | | |
| 最后合计得分 | | | | |
| 填表说明 | 评价等级"完全符合""比较符合""比较不符合""完全不符合"对应分值分别为3分，2分，1分，0分，各等级量化分数乘以等级个数之和再乘以100与等级量化最高分乘以总评价项之比，即为该生的实习实训互评（自评）得分。 ||||

为了方便统计，我们设计了中职学生实习实训学生自评（互评）情况汇总表（见表6-17）。

表6-17 中职学生实习实训学生自评（互评）情况汇总表

专业：_____　　　　年级：_____
评价时间：_____　　评价者：_____

| 被评价人 | 得分 | 备注 | 被评价人 | 得分 | 备注 |
|---|---|---|---|---|---|
| | | | | | |

若将评价主体分为教师、学生、行业企业，分别赋予不同的权重，教师评价为0.4、学生自评为0.1、学生互评为0.2、行业企业评价为0.3，则可以计算出某位学生在某学期的实习实训上的评价得分（见表6-18）。

表 6-18　中职学生实习实训评价情况汇总表

专业：_____　　年级：_____　　评价时间：_____

| 学生姓名 | 教师评价（0.4） | 学生互评（0.2） | 学生自评（0.1） | 行业企业评价（0.3） | 总分 | 备注 |
|---|---|---|---|---|---|---|
|  |  |  |  |  |  |  |

## 三、中职学生学习态度评价

《专业教学标准意见》在谈及中职专业教学培养目标的总体要求时指出："中等职业学校培养与我国社会主义现代化建设要求相适应，德、智、体、美全面发展，具有综合职业能力，在生产、服务一线工作的高素质劳动者和技能型人才。他们应当热爱社会主义祖国，能够将实现自身价值与服务祖国人民结合起来；具有基本的科学文化素养、继续学习的能力和创新精神；具有良好的职业道德，掌握必要的文化基础知识、专业知识和比较熟练的职业技能，具有较强的就业能力和一定的创业能力；具有健康的身体和心理；具有基本的欣赏美和创造美的能力。"要实现培养目标的总体要求，中职学生的学习态度就显得尤为重要了。下面我们将在中职学生学习态度评价上分别从教师、行业企业、学生评价的视角做一些探索。

就教师对中职学生学习态度的评价而言，主要从技术技能的学习认知、参与程度、合作能力、学习效果等方面来评价（见表 6-19）。

## 表 6-19  中职学生学习态度教师评价表

专业：_____  年级：_____  被评人姓名：_____
评价者：_____  评价时间：_____

| 序号 | 评价项目（权重） | 评价内涵 | 评价等级 好 | 较好 | 一般 | 较差 | 得分 |
|---|---|---|---|---|---|---|---|
| 1 | 学习认知（0.3） | 遵守学习纪律（0.1） | | | | | |
| | | 在自主学习、合作学习、探究学习中有浓厚的学习兴趣和高涨的学习热情（0.1） | | | | | |
| | | 经常向老师请教或与老师交流（0.1） | | | | | |
| 2 | 参与程度（0.2） | 自主学习不少于20%（0.05） | | | | | |
| | | 合作学习不少于60%（0.1） | | | | | |
| | | 善于倾听和思考他人的发言，并能及时抓住要点（0.05） | | | | | |
| 3 | 合作能力（0.3） | 对小组成员没有不恰当的言行（0.1） | | | | | |
| | | 在合作中能请教其他同学或向他们提供帮助（0.1） | | | | | |
| | | 能与其他同学共同完成学习任务（0.1） | | | | | |
| 4 | 学习效果（0.2） | 作业无抄袭行为，能融会贯通所学知识（0.1） | | | | | |
| | | 作业书写规范，按时完成（0.1） | | | | | |
| 最后合计得分 | | | | | | | |
| 评价等级（好、较好、一般、较差） | | | | | | | |
| 填表说明 | | 评价等级"好""较好""一般""较差"对应分值分别为90~100分，75~89分，60~74分，60分以下，各项评价分乘上权重系数再求和，即为该生学习态度教师评价得分。 | | | | | |

为了方便统计，我们设计了中职学生学习态度教师评价情况汇总表（见表6-20）。

**表 6-20　中职学生学习态度教师评价情况汇总表**

专业：_____　　　　　　年级：_____
评价时间：_____　　　　评价者：_____

| 被评价人 | 得分 | 备注 | 被评价人 | 得分 | 备注 |
|---|---|---|---|---|---|
|  |  |  |  |  |  |

就行业企业对中职学生学习态度的评价而言，行业企业不但要评价学生的技术技能的掌握情况，还要将技术技能学习态度中所需的礼仪，以及《专业教学标准意见》所要求的"更要关注运用知识在实践中解决实际问题的能力水平，重视规范操作、安全文明生产等职业素质的形成，以及节约能源、节省原材料与爱护生产设备，保护环境等意识与观念的树立"。为此，我们主要从交往礼仪、学习状态、职业精神等方面来评价（见表6-21）。

**表 6-21　中职学生学习态度行业企业评价表**

专业：_____　　年级：_____　　被评人姓名：_____
评价者：_____　　评价时间：_____

| 一级指标 | 二级指标 | 评价内涵 | 好 | 较好 | 一般 | 较差 | 得分 |
|---|---|---|---|---|---|---|---|
| 交往礼仪（0.3） | 倾听（0.1） | 能正确理解领导、师傅或同事的意图或工作任务 |  |  |  |  |  |
|  | 表达（0.1） | 能准确表达自己的需求，语言文明、礼貌，听不懂或有疑问时能主动向师傅、同事提问 |  |  |  |  |  |
|  | 交往（0.1） | 能够尊重领导、师傅或同事，不挑拨是非，并做到向他们学习、友好相处 |  |  |  |  |  |

续表

| 一级指标 | 二级指标 | 评价内涵 | 评价等级 ||||  得分 |
|---|---|---|---|---|---|---|---|
| | | | 好 | 较好 | 一般 | 较差 | |
| 学习状态（0.3） | 心理平衡力（0.1） | 在工作中，无论什么时候、遇到什么事，总是能够保持愉快的心情，不消极怠工 | | | | | |
| | 工作压力应对力（0.1） | 敢于对自己的行为负责，做到成功时，不自满；失败时，不气馁 | | | | | |
| | 抗挫折力（0.1） | 对于领导、师傅或同事的意见与建议，即使是批评，也能够诚心接受、不抵触 | | | | | |
| 职业精神（0.4） | 职业操守（0.1） | 忠于职守，不擅离工作岗位；诚实守信，保守企业商业秘密 | | | | | |
| | 职业表现（0.1） | 以自己的专业为荣，在企业工作适应力强 | | | | | |
| | 规范操作（0.1） | 严格遵守操作规程，不做与工作无关的事情 | | | | | |
| | 安全文明生产（0.1） | 遵守安全守则，节约能源、节省原材料，爱护生产设备，爱护工作环境 | | | | | |
| 最后合计得分 | | | | | | | |
| 评价等级（好、较好、一般、较差） | | | | | | | |
| 填表说明 | | 评价等级"好""较好""一般""较差"对应分值分别为 90~100 分，75~89 分，60~74 分，60 分以下，各项评价分乘以权重系数再求和，即为行业企业对该生的学习态度评价得分。 | | | | | |

为了方便统计，我们设计了中职学生学习态度行业企业评价情况汇总表（见表 6-22）。

表 6-22　中职学生学习态度行业企业评价情况汇总表

专业：_____　　　　年级：_____
评价时间：_____　　评价者：_____

| 被评价人 | 得分 | 备注 | 被评价人 | 得分 | 备注 |
|---|---|---|---|---|---|
|  |  |  |  |  |  |

就学生对中职学生学习态度的评价而言，主要从合作、任务完成、交流、技术技能掌握等方面来评价（见表6-23）。

表 6-23　中职学生学习态度学生互评（自评）评价表

专业：_____　　年级：_____　　被评人姓名：_____
评价者：_____　　评价时间：_____

| 评 价 项 目 | 完全符合 | 比较符合 | 比较不符合 | 完全不符合 |
|---|---|---|---|---|
| (1)能积极参与合作活动 |  |  |  |  |
| (2)能够尽力促进小组同学之间的良好合作 |  |  |  |  |
| (3)积极履行自己的责任，接收和完成所承担的任务 |  |  |  |  |
| (4)积极主动地发表自己的意见 |  |  |  |  |
| (5)认真倾听小组同学的意见，并做到宽容对待 |  |  |  |  |
| (6)小组讨论时，能够不占用过多的时间 |  |  |  |  |
| (7)能对小组学习有困难的同学提供及时、额外的帮助 |  |  |  |  |
| (8)能与同伴分工合作，共同解决遇到的学习问题 |  |  |  |  |
| (9)探究时能做到与他人合作与交流 |  |  |  |  |
| (10)能共同分享学习成果，按时完成任务 |  |  |  |  |
| (11)对于学习过的课程能说出自己的看法 |  |  |  |  |
| (12)能说出所学课程的主要内容以及需要掌握的主要技术技能 |  |  |  |  |
| (13)在专业学习过程中，遇到听不懂或有疑问的地方时能主动提问 |  |  |  |  |
| (14)能熟练地掌握技术技能 |  |  |  |  |

续表

| 评 价 项 目 | 完全符合 | 比较符合 | 比较不符合 | 完全不符合 |
|---|---|---|---|---|
| (15)具有独立收集、处理有关信息、文字资料的能力 | | | | |
| 最后合计得分 | | | | |
| 填表说明 | 评价等级"完全符合""比较符合""比较不符合""完全不符合"对应分值分别为 3 分,2 分,1 分,0 分,各等级量化分数乘以等级个数之和再乘以 100 与等级量化最高分乘以总评价项之比,即为该生的学习态度自评(互评)得分。 ||||

为了方便统计,我们设计了中职学生学习态度学生自评(互评)情况汇总表(见表 6-24)。

表 6-24　中职学生学习态度学生互评(互评)情况汇总表

专业:＿＿＿＿＿＿＿　　　　年级:＿＿＿＿＿＿＿
评价时间:＿＿＿＿＿＿＿　评价者:＿＿＿＿＿＿＿

| 被评价人 | 得分 | 备注 | 被评价人 | 得分 | 备注 |
|---|---|---|---|---|---|
| | | | | | |

若将评价主体分为教师、学生、行业企业,分别赋予不同的权重,教师评价为 0.4、学生自评为 0.1、学生互评为 0.2、行业企业评价为 0.3,则可以计算出某位学生在某学期的学习态度上的评价得分(见表 6-25)。

表 6-25　中职学生学习态度评价情况汇总表

专业:＿＿＿＿＿＿＿　年级:＿＿＿＿＿＿＿　评价时间:＿＿＿＿＿＿＿

| 学生姓名 | 教师评价(0.4) | 学生互评(0.2) | 学生自评(0.1) | 行业企业评价(0.3) | 总分 | 备注 |
|---|---|---|---|---|---|---|
| | | | | | | |

## 四、中职学生技术技能水平评价

《人才培养质量意见》在"推进专业课程内容与职业标准对接"部分要求:"职业院校要加强与职业技能鉴定机构、行业企业的合作,积极推行'双证书'制度。要把职业岗位所需要的知识、技能和职业素养融入相关专业教学中,将相关课程考试考核与职业技能鉴定合并进行,使学生在取得毕业证书的同时,直接获取相应的职业资格证书。"《加快发展现代职业教育决定》则强调:"积极推进学历证书和职业资格证书'双证书'制度。开展校企联合招生、联合培养的现代学徒制试点,完善支持政策,推进校企一体化育人。开展职业技能竞赛。"可见,对于中职学生的技术技能水平而言,判断的要素主要是实训项目合格考核、职业资格鉴定与职业技能竞赛。

为此,我们从以上三个方面设计了中职学生技术技能水平评价表(见表 6-26)。

表 6-26 中职学生技术技能水平评价表

专业:_____ 年级:_____ 被评人姓名:_____

评价者:_____ 评价时间:_____

| 序号 | 评价项目 | 评价内涵 | 得分 |
|---|---|---|---|
| 1 | 实训项目合格考核 | 获得一项实训项目合格证书 1 分 | |
| 2 | 职业技能鉴定 | 获得一项职业资格证书 3 分 | |
| 3 | 职业技能竞赛 | 获校级一等奖者 2 分,二等奖者 1 分,三等奖者 0.5 分 | |
| | | 获区级一等奖者 3 分,二等奖者 2 分,三等奖者 1 分 | |
| | | 获市级一等奖者 4 分,二等奖者 3 分,三等奖者 2 分 | |
| | | 获国家级一等奖者 5 分,二等奖者 4 分,三等奖者 3 分 | |
| 合计 | | | |

设学生获得的最高分为 100 分,便可计算出其他学生的技术技能水平得分。如,最高技术技能水平分为 10 分,则获得技术技能水平分 8 分的学生的换算得分为:(100×8)÷10=80。

以上我们分别从学业水平、实习实训、学习态度、技术技能水平方面探讨了中职学生技术技能评价,如果在各评价方面的评价结果的基础上,分别对其赋予不同的权重,就可以计算出某生在某一阶段的技术技能评价得分。假如我们对学业水平、实习实训、学习态度、技术技能水平评价分别赋予 0.4,0.3,0.1,0.2 的权重,则某生在某一阶段的技术技能评价得分为各自评价主体的评价得分乘以各自的权重之和。表 6-27 为中职学生技术技能评价情况汇总表。

表 6-27　中职学生技术技能评价情况汇总表

专业:_____　　年级:_____　　评价时间:_____

| 学生姓名 | 学业水平（0.4） | 实习实训（0.3） | 学习态度（0.1） | 技术技能水平（0.2） | 总分 | 备注 |
|---|---|---|---|---|---|---|
|  |  |  |  |  |  |  |

## 第四节　中职学生就业创业能力的多元评价

《加快发展现代职业教育决定》强调:"在保障学生技术技能培养质量的基础上,加强文化基础教育,实现就业有能力、升学有基础。"如何评价中职学生的就业创业能力,本节将做如下探讨。

### 一、中职学生就业能力评价

要对中职学生就业能力进行评价,我们要先弄清中职学生就业能力的内涵。罗纳德和克林（Ronald W Mcquaid and Colin Lindsay）提出了"全面的就业能力"的概念,认为,就业能力包括三个相互关联的组成部分:以个人就业技能、幸福状态、工作搜寻、适应性等为主的个体因素;由工作文化和资源可及性等构成的个人环境因素;由当地劳动力市场特点、宏观经济需求因素与政策等构成的外部因素。[1] 也有学者指出:"就业能力在国内被有些学者称之为可雇佣性,是指大学毕

---

[1] Mcquaid R W and Lindsay L .The concept of employability [J].Urban Studies, 2005 (42) : 197-219.

业生在校期间通过知识的学习和综合素质的开发而获得的能够实现就业理想、满足社会需求、在社会生活中实现自身价值的本领。这一概念是对学生各种能力和技能的全面概括,并不单纯地指某一项技能或能力,是多种就业技能的综合,主要包括学习能力、思维能力、实践技能、求职技能、适应能力和生存能力等。"[1]

总之,对就业能力内涵的探讨,尽管专家学者们探讨的角度和结论不同,但对就业能力的构成要素不外乎集中在知识要素、技能要素、个人要素和求职要素上。下面,我们将以此作为就业能力评价的框架,分别从教师、行业企业、学生的角度探讨中职学生就业能力评价指标体系。

就评价主体教师而言,对中职学生就业能力的评价在知识要素上,主要是对就业意识进行评价;在技能要素上,主要是对就业素质进行评价;在个人要素上,主要是对就业行为进行评价;在求职要素上,主要对就业技能进行评价(见表 6-28)。

表 6-28　中职学生就业能力教师评价表

专业:_____　　年级:_____　　被评人姓名:_____
评价者:_____　　评价时间:_____

| 一级指标 | 二级指标 | 三级指标 | 好 | 较好 | 一般 | 较差 | 很差 |
|---|---|---|---|---|---|---|---|
| 就业意识<br>(0.2) | 求职规划<br>(0.1) | 职业生涯目标规划(0.025) | | | | | |
| | | 职业生涯阶段设计(0.025) | | | | | |
| | | 职业生涯条件分析(0.025) | | | | | |
| | | 职业规划评估修正(0.025) | | | | | |
| | 求职努力<br>(0.1) | 就业资讯收集与评估(0.025) | | | | | |
| | | 参与就业指导(0.035) | | | | | |
| | | 参与求职面试(0.04) | | | | | |

---

[1] 马黎,柳兴国,庄锴.当代大学生就业能力评价体系研究[J].山东女子学院学报,2012(3):20.

续表

| 一级指标 | 二级指标 | 三级指标 | 好 | 较好 | 一般 | 较差 | 很差 |
|---|---|---|---|---|---|---|---|
| 就业素质（0.6） | 身心素质（0.1） | 身体素质（0.05） | | | | | |
| | | 心理素质（0.05） | | | | | |
| | 专业素质（0.15） | 职业技能证书（0.1） | | | | | |
| | | 学习能力（0.05） | | | | | |
| | 职场素质（0.35） | 专业实践能力（0.05） | | | | | |
| | | 团队协作能力（0.05） | | | | | |
| | | 问题解决能力（0.05） | | | | | |
| | | 应用文写作能力（0.05） | | | | | |
| | | 人际交往能力（0.05） | | | | | |
| | | 应变表达能力（0.05） | | | | | |
| | | 创新能力（0.05） | | | | | |
| 就业行为（0.1） | 求职准备（0.05） | 就业形势把握力（0.025） | | | | | |
| | | 就业流程熟悉度（0.025） | | | | | |
| | 自我分析（0.05） | 所学与自我工作表现关联度（0.025） | | | | | |
| | | 所学与市场竞争力关联度（0.025） | | | | | |
| 就业技能（0.1） | 简历制作（0.05） | 简历制作技巧（0.025） | | | | | |
| | | 简历制作水平（0.025） | | | | | |
| | 面试（0.05） | 面试思维模式（0.025） | | | | | |
| | | 面试应对技巧（0.025） | | | | | |
| 最后合计得分 | | | | | | | |
| 填表说明 | 评价等级"好""较好""一般""较差""很差"对应分值分别为5分，4分，3分，2分，1分，各等级量化分数乘以等级个数之和再乘以100与等级量化最高分乘以总评价项之比，即为该生的就业能力教师评价得分。 | | | | | | |

为了方便统计，我们设计了中职学生就业能力教师评价情况汇总表（见表 6-29）。

**表 6-29　中职学生就业能力教师评价情况汇总表**

专业：＿＿＿＿＿＿　　　　年级：＿＿＿＿＿＿

评价时间：＿＿＿＿＿＿　　评价者：＿＿＿＿＿＿

| 被评价人 | 得分 | 备注 | 被评价人 | 得分 | 备注 |
|---|---|---|---|---|---|
|  |  |  |  |  |  |
|  |  |  |  |  |  |

就评价主体行业企业而言，对中职学生就业能力评价，在知识要素上主要对职业潜在能力进行评价，在技能要素上主要对岗位胜任力进行评价，在个人要素上主要对职业适应能力进行评价，在求职要素上主要对道德行为能力进行评价（见表 6-30）。

**表 6-30　中职学生就业能力行业企业评价表**

专业：＿＿＿＿＿＿　年级：＿＿＿＿＿＿　被评人姓名：＿＿＿＿＿＿

评价者：＿＿＿＿＿＿　评价时间：＿＿＿＿＿＿

| 一级指标 | 二级指标 | 三级指标 | 好 | 较好 | 一般 | 较差 | 很差 |
|---|---|---|---|---|---|---|---|
| 道德行为力（0.25） | 责任心（0.07） | 接受工作任务的态度，完成工作任务的效果 |  |  |  |  |  |
| | 诚信度（0.06） | 诚实、守信等 |  |  |  |  |  |
| | 团队协作能力（0.06） | 性格开朗、团队合作意识等 |  |  |  |  |  |
| | 企业忠诚度（0.06） | 对单位的了解与关注度等 |  |  |  |  |  |

续表

| 一级指标 | 二级指标 | 三级指标 | 好 | 较好 | 一般 | 较差 | 很差 |
|---|---|---|---|---|---|---|---|
| 职业适应力（0.25） | 工作环境适应能力（0.07） | 适应、应对与处理工作环境、工作对象变化等 | | | | | |
| | 抗挫折能力（0.06） | 克服工作困难等 | | | | | |
| | 承受压力能力（0.06） | 适应、应对与处理工作中的困难和压力等 | | | | | |
| | 人际关系协调能力（0.06） | 联系广泛、信息灵敏、与人为善、关系和谐等 | | | | | |
| 岗位胜任力（0.3） | 执行力（0.08） | 完成各项工作任务的时间、质量等 | | | | | |
| | 毅力（0.08） | 不怕苦、不怕累、任劳任怨、连续作战等 | | | | | |
| | 效率（0.08） | 解决问题、克服困难的成效等 | | | | | |
| | 创新能力（0.06） | 创新的自觉性、果断性、坚韧性、深入程度等 | | | | | |
| 职业潜在能力（0.2） | 目标理解能力（0.06） | 对单位生产经营状况的了解与关注度、所从事工作目标的达成度等 | | | | | |
| | 自我管理能力（0.08） | 自我认知、控制与激励自我、了解他人等 | | | | | |
| | 终身学习能力（0.06） | 为更好地完成工作任务，对动手能力、信息收集能力、新技术应用能力等的提升 | | | | | |

续表

| 一级指标 | 二级指标 | 三级指标 | 好 | 较好 | 一般 | 较差 | 很差 |
|---|---|---|---|---|---|---|---|
| 最后合计得分 | | | | | | | |
| 填表说明 | | 评价等级"好""较好""一般""较差""很差"对应分值分别为5分，4分，3分，2分，1分，各等级量化分数乘以等级个数之和再乘以100与等级量化最高分乘以总评价项之比，即为该生的就业能力行业企业评价得分。 | | | | | |

为了方便统计，我们设计了中职学生就业能力行业企业评价情况汇总表（见表6-31）。

**表6-31 中职学生就业能力行业企业评价情况汇总表**

专业：_____　　　　年级：_____
评价时间：_____　　评价者：_____

| 被评价人 | 得分 | 备注 | 被评价人 | 得分 | 备注 |
|---|---|---|---|---|---|
| | | | | | |

相关数据分析结果表明，毕业生就业能力决定其初次就业成功率和初期就业质量，而对初次就业影响最大的是沟通能力和人际交往能力两项，其次是问题解决和决策能力、学习能力和积极的人生态度。因此，就评价主体学生而言，对中职学生就业能力的评价在知识要素上主要对职业适应力进行评价，在技能要素上主要对职业能力进行评价，在个人要素上主要对个性品质进行评价，在求职要素上主要对行为能力进行评价（见表6-32）。

## 表 6-32　中职学生就业能力学生互评（自评）评价表

专业：_____　　年级：_____　　被评人姓名：_____
评价者：_____　　评价时间：_____

| 一级指标 | 二级指标 | 三级指标 | 完全符合 | 比较符合 | 一般 | 比较不符合 | 完全不符合 |
|---|---|---|---|---|---|---|---|
| 个性品质（0.2） | 诚实守信（0.05） | 总是能够做到言必信，行必果 | | | | | |
| | 责任意识（0.05） | 总是乐意接收工作任务，并保质保量完成 | | | | | |
| | 性格（0.05） | 总是乐观向上、性格开朗 | | | | | |
| | 自信心（0.05） | 面对苦难与挫折时，总是能够克服苦难、解决苦难 | | | | | |
| 行为能力（0.25） | 沟通能力（0.05） | 总是能够做到与人为善、关系和谐 | | | | | |
| | 表达能力（0.05） | 总是能够做到准确表达自己的所见所闻、所思所想，并做到语言文明、得体、大方 | | | | | |
| | 问题解决能力（0.05） | 总是能够做到独立分析问题与处理问题 | | | | | |
| | 团队合作能力（0.05） | 在与他人分工协作时，能和他们一起克服困难、完成任务 | | | | | |
| | 自我表现能力（0.05） | 总是能够做到开朗大方、语言风趣、借势渲染、自我得体，并做到把自己作品（产品）及其体验与他人分享 | | | | | |

续表

| 一级指标 | 二级指标 | 三级指标 | 完全符合 | 比较符合 | 一般 | 比较不符合 | 完全不符合 |
|---|---|---|---|---|---|---|---|
| 职业适应力（0.25） | 工作环境适应能力（0.09） | 总是能够做到适应工作环境变化，克服工作上的困难 | | | | | |
| | 抗挫折能力（0.08） | 总是能够做到失败时不气馁 | | | | | |
| | 承受压力能力（0.08） | 总是能够做到适应、应对与处理工作中的困难和压力 | | | | | |
| 职业能力（0.3） | 职业意识（0.1） | 有较强的学习兴趣，理解相关从业的要求 | | | | | |
| | 职业素养（0.1） | 具有一定的文化素养，课程考试、课程设计等成绩优良 | | | | | |
| | 职业技能（0.1） | 获得相关职业资格证书，实习实训表现突出 | | | | | |
| 最后合计得分 | | | | | | | |
| 填表说明 | | 评价等级"完全符合""比较符合""一般""比较不符合""完全不符合"对应分值分别为5分，4分，3分，2分，1分，各等级量化分数乘以等级个数之和再乘以100与等级量化最高分乘以总评价项之比，即为该生的就业能力自评（互评）得分。 | | | | | |

为了方便统计，我们设计了中职学生就业能力自评（互评）情况汇总表（表见6-33）。

### 表6-33 中职学生就业能力学生自评（互评）情况汇总表

专业：_____     年级：_____
评价时间：_____     评价者：_____

| 被评价人 | 得分 | 备注 | 被评价人 | 得分 | 备注 |
|---|---|---|---|---|---|
| | | | | | |

若将评价主体分为教师、学生、行业企业，分别赋予不同的权重，教师评价为0.4、学生自评为0.1、学生互评为0.2、行业企业评价为0.3，

则可以计算出某位学生在某学期的就业能力上的评价得分（见表 6-34）。

表 6-34　中职学生就业能力评价情况汇总表

专业：_____　　年级：_____　　评价时间：_____

| 学生姓名 | 教师评价（0.4） | 学生互评（0.2） | 学生自评（0.1） | 行业企业评价（0.3） | 总分 | 备注 |
|---|---|---|---|---|---|---|
|  |  |  |  |  |  |  |

## 二、中职学生创业能力评价

《国务院关于加强职业培训促进就业的意见》要求："积极推进创业培训。依托有资质的教育培训机构，针对创业者特点和创业不同阶段的需求，开展多种形式的创业培训。要扩大创业培训范围，鼓励有创业要求和培训愿望、具备一定创业条件的城乡各类劳动者以及处于创业初期的创业者参加创业培训。要通过规范培训标准、提高师资水平、完善培训模式，不断提高创业培训质量；要结合当地产业发展和创业项目，根据不同培训对象特点，重点开展创业意识教育、创业项目指导和企业经营管理培训，通过案例剖析、考察观摩、企业家现身说法等方式，提高受培训者的创业能力。要强化创业培训与小额担保贷款、税费减免等扶持政策及创业咨询、创业孵化等服务手段的衔接，健全政策扶持、创业培训、创业服务相结合的工作体系，提高创业成功率。"那么创业能力又是什么？

相关研究表明，创业能力一词，最早是在 1989 年亚太会议期间，与会代表与华裔专家朱小奇先生研究后确定的。会议报告提出了创业能力的概念框架和开发创业能力的策略。1991 年，有学者在日本东京召开的"提高儿童、青年创业能力与革新教育"研讨会上，提出了在现行课程中渗透创业能力教育的课程模式和评价模式，进一步对创业能力的概念进行了界定。广东青年干部学院大学生创业研究课题组提出了四维度模型：（1）创业意愿与创业精神；（2）学习能力与创新意识；

(3)自我管理与资源获取能力;(4)对企业运作、市场知识的了解。[①]该四维度模型研究对中职学生创业能力评价研究具有一定的指导作用。据此,我们分别从教师、行业企业、学生的角度探讨构建中职学生创业能力评价指标体系。

就评价主体教师而言,主要从创业意识、创业知识、创业行为、创业心理品质等方面进行评价(见表6-35)。

表6-35 中职学生创业能力教师评价表

专业:_____ 年级:_____ 被评人姓名:_____

评价者:_____ 评价时间:_____

| 一级指标 | 二级指标 | 三级指标 | 好 | 较好 | 一般 | 较差 | 很差 |
|---|---|---|---|---|---|---|---|
| 创业意识(0.2) | 市场意识(0.05) | 善于发现外部创业环境中潜在的创业机会,总能很快抓住刚出现的机会等 | | | | | |
| | 竞争意识(0.05) | 有接受新知识、掌握新技能的强烈愿望 | | | | | |
| | 合作意识(0.05) | 与创业伙伴或同行能够很好地合作;能够有效建构良好的人际关系网,始终为自己的事业找到更好的出路和资源等 | | | | | |
| | 创新意识(0.05) | 喜欢用新的方法来解决问题;擅于突破常规,大胆实施自己的设想并获得成功 | | | | | |
| 创业知识(0.3) | 专业知识(0.1) | 有较广的知识面,关注新技术和新发明等 | | | | | |
| | 管理知识(0.1) | 具有较强的前瞻性判断力 | | | | | |
| | 综合性知识(0.1) | 能对现有技术、方案提出质疑,并提出自己的见解 | | | | | |

---

① 王柳映.大学生创业能力评价指标体系研究[J].浙江青年专修学院学报,2012(4):35.

续表

| 一级指标 | 二级指标 | 三级指标 | 好 | 较好 | 一般 | 较差 | 很差 |
|---|---|---|---|---|---|---|---|
| 创业行为（0.3） | 信息获取能力（0.1） | 能经常通过各种途径了解国内外的社会经济动态；渴望信息，并愿意在信息搜索上花更多时间等 | | | | | |
| | 交际能力（0.1） | 善于交际；擅于表达，并能团结他人共同工作；能比较准确地评价和判断一个人等 | | | | | |
| | 领导能力（0.1） | 对企业的运作程序有较深的认识；具有克服困难的决心，并能感染他人等 | | | | | |
| 创业心理品质（0.2） | 坚韧性（0.04） | 遇到重大的困难和挫折有坚持下去的信心 | | | | | |
| | 克制性（0.04） | 遇到问题有忍耐力，能屈能伸 | | | | | |
| | 敢为性（0.04） | 经常提出新的点子和创意，敢为人先 | | | | | |
| | 果敢性（0.04） | 能够独立地推进自己的事业、工作和生意，果断决策 | | | | | |
| | 乐观性（0.04） | 性格开朗，乐观向上 | | | | | |
| 最后合计得分 | | | | | | | |
| 填表说明 | | 评价等级"好""较好""一般""较差""很差"对应分值分别为5分，4分，3分，2分，1分，各等级量化分数乘以等级个数之和再乘以100与等级量化最高分乘以总评价项之比，即为该生的创业能力教师评价得分。 | | | | | |

为了方便统计，我们设计了中职学生创业能力教师评价情况汇总表（见表6-36）。

**表 6-36　中职学生创业能力教师评价情况汇总表**

专业：_____　　　　　年级：_____

评价时间：_____　　　评价者：_____

| 被评价人 | 得分 | 备注 | 被评价人 | 得分 | 备注 |
|---|---|---|---|---|---|
|  |  |  |  |  |  |

就评价主体行业企业而言，主要从决策判断能力、经营管理能力、专业技术能力、创业潜在能力等方面进行评价（见表 6-37）。

**表 6-37　中职学生创业能力行业企业评价表**

专业：_____　　年级：_____　　被评人姓名：_____

评价者：_____　　评价时间：_____

| 一级指标 | 二级指标 | 三级指标 | 好 | 较好 | 一般 | 较差 | 很差 |
|---|---|---|---|---|---|---|---|
| 决策判断能力（0.2） | 市场把握力（0.1） | 能够发现创业机会的价值，并评估其可行性 |  |  |  |  |  |
|  | 战略思维力（0.1） | 能够根据商业动态与信息确定并调整企业的定位 |  |  |  |  |  |
| 经营管理能力（0.3） | 组织协调能力（0.1） | 组织团队、节约人力资本的能力等 |  |  |  |  |  |
|  | 团队协作能力（0.1） | 团队合作、挖掘团队潜能的能力等 |  |  |  |  |  |
|  | 创业规划能力（0.1） | 根据创业企业所在地域和创业领域，正确制订创业企业发展方向、目标、组织计划、实施方案的能力 |  |  |  |  |  |
| 专业技术能力（0.3） | 知识应用能力（0.15） | 能够用所学的知识解决创业企业遇到的一些问题 |  |  |  |  |  |
|  | 知识创造能力（0.15） | 喜欢用突破常规的思路或方法来做事情 |  |  |  |  |  |

续表

| 一级指标 | 二级指标 | 三级指标 | 好 | 较好 | 一般 | 较差 | 很差 |
|---|---|---|---|---|---|---|---|
| 创业潜在能力（0.2） | 创业咨询（0.1） | 对创业企业法律、金融保险类法律知识有一定的认知，熟知小额担保贷款、税费减免等扶持政策 | | | | | |
| | 创业孵化（0.1） | 积极参加创业孵化活动，对创业整个过程有一定的认知和体会 | | | | | |
| 最后合计得分 | | | | | | | |
| 填表说明 | | 评价等级"好""较好""一般""较差""很差"对应分值分别为5分、4分、3分、2分、1分，各等级量化分数乘以等级个数之和再乘以100与等级量化最高分乘以总评价项之比，即为该生的创业能力行业企业评价得分。 | | | | | |

为了方便统计，我们设计了中职学生创业能力行业企业评价情况汇总表（见表6-38）。

表6-38　中职学生创业能力行业企业评价情况汇总表

专业：_____　　　　　年级：_____
评价时间：_____　　　评价者：_____

| 被评价人 | 得分 | 备注 | 被评价人 | 得分 | 备注 |
|---|---|---|---|---|---|
| | | | | | |

就评价主体学生而言，对中职学生创业能力的评价主要体现在创业意识、创业素养与创业行为上（见表6-39）。

表 6-39  中职学生创业能力学生互评（自评）评价表

专业：_____　　年级：_____　　被评人姓名：_____
评价者：_____　　评价时间：_____

| 一级指标 | 二级指标 | 三级指标 | 完全符合 | 比较符合 | 一般 | 比较不符合 | 完全不符合 |
|---|---|---|---|---|---|---|---|
| 创业意识（0.5） | 个性意识（0.1） | 渴望拥有属于自己的一份事业（0.05） | | | | | |
| | | 期待自己的创业成果能够更好地回报社会（0.05） | | | | | |
| | 市场意识（0.1） | 能够通过各种机会来获取商业动态与信息（0.04） | | | | | |
| | | 能够准确预测市场对某种产品的需求（0.03） | | | | | |
| | | 能够对经营做出准确的判断（0.03） | | | | | |
| | 竞争意识（0.1） | 具有敢为人先的精神（0.05） | | | | | |
| | | 不断积累创业的知识、技能、经验等（0.05） | | | | | |
| | 合作意识（0.1） | 擅于配置和发挥好团队的作用（0.05） | | | | | |
| | | 能够整合各种资源来完成工作任务（0.05） | | | | | |
| | 创新意识（0.1） | 具有强烈的接受新知识、掌握新技能的愿望（0.05） | | | | | |
| | | 喜欢用新办法来解决各种问题（0.05） | | | | | |
| 创业素养（0.2） | 身心素养（0.1） | 精力充沛（0.03） | | | | | |
| | | 即使创业中遇到了各种困难，也会坚持下去（0.03） | | | | | |
| | | 能够独立承担由于创业带来的各种风险（0.04） | | | | | |
| | 领导素养（0.1） | 了解企业的运作方式（0.04） | | | | | |
| | | 知人善用（0.03） | | | | | |
| | | 具有较强的感染力和克服困难的意志与决心（0.03） | | | | | |

续表

| 一级指标 | 二级指标 | 三级指标 | 完全符合 | 比较符合 | 一般 | 比较不符合 | 完全不符合 |
|---|---|---|---|---|---|---|---|
| 创业行为（0.3） | 案例学习（0.1） | 积极参加创业意识教育、创业项目指导和企业经营管理培训等（0.05） | | | | | |
| | | 积极参加创业咨询活动（0.05） | | | | | |
| | 考察观摩（0.1） | 积极参加各种考察观摩活动（0.05） | | | | | |
| | | 积极参加企业家现身说法活动等（0.05） | | | | | |
| | 创业实践（0.1） | 积极参加创业孵化实践活动（0.05） | | | | | |
| | | 能对创业孵化活动进行反思（0.05） | | | | | |
| 最后合计得分 | | | | | | | |
| 填表说明 | | 评价等级"完全符合""比较符合""一般""比较不符合""完全不符合"对应分值分别为5分、4分、3分、2分、1分，各等级量化分数乘以等级个数之和再乘以100与等级量化最高分乘以总评价项之比，即为该生的创业能力自评（互评）得分。 | | | | | |

为了方便统计，我们设计了中职学生创业能力自评（互评）情况汇总表（见表6-40）。

表6-40　中职学生创业能力学生自评（互评）情况汇总表

专业：＿＿＿＿＿＿＿　　　年级：＿＿＿＿＿＿＿

评价时间：＿＿＿＿＿＿　　评价者：＿＿＿＿＿＿

| 被评价人 | 得分 | 备注 | 被评价人 | 得分 | 备注 |
|---|---|---|---|---|---|
| | | | | | |

若将评价主体分为教师、学生、行业企业，分别赋予不同的权重，教师评价为0.4、学生自评为0.1、学生互评为0.2、行业企业评价为0.3，则可以计算出某位学生在某学期的创业能力上的评价得分（见表6-41）。

表 6-41　中职学生创业能力评价情况汇总表

专业：_____　　年级：_____　　评价时间：_____

| 学生姓名 | 教师评价（0.4） | 学生互评（0.2） | 学生自评（0.1） | 行业企业评价（0.3） | 总分 | 备注 |
|---|---|---|---|---|---|---|
|  |  |  |  |  |  |  |

# 第七章
# 中职学校课堂教学多元评价

《加快发展现代职业教育决定》指出："推进人才培养模式创新。坚持校企合作、工学结合，强化教学、学习、实训相融合的教育教学活动。推行项目教学、案例教学、工作过程导向教学等教学模式。加大实习实训在教学中的比重，创新顶岗实习形式，强化以育人为目标的实习实训考核评价。"《示范学校建设计划》也强调要改革教学模式："创新教学方式，深入开展项目教学、案例教学、场景教学、模拟教学和岗位教学，通过数字仿真、虚拟现实等信息化方式，在教学中普遍应用现代信息技术，多渠道系统优化教学过程，增强教学的实践性、针对性和实效性，提高教学质量。"可见，项目教学、案例教学、工作过程导向教学等是中职学校教学模式改革的重要内容，中职学校课堂教学多元评价必将以此为重点来开展。

## 第一节　中职学校课堂教学模式列举

中职学校课堂教学有着其鲜明的特点，《示范学校建设计划》所强调的"以适应职业岗位需求为导向，加强实践教学，着力促进知识传授与生产实践的紧密衔接"为中职学校课堂教学改革指明了方向。在我们构建中职学校课堂教学多元评价的指标体系之前，有必要对中职学校课堂教学模式做一个探究,以期把握中职学校课堂教学的本质属性。 本节我们主要对项目教学、案例教学、模拟教学、"五环四步"教学等模式的内涵、特征、步骤等做一个探讨。

## 一、项目教学的内涵与步骤

项目教学是指"以学生为主体、教师为主导,通过共同实施一个完整的工作项目而进行的教学活动。 它以项目带动教学,完成一个项目的全过程实际就是学生掌握知识、转化技能的过程"。[①] 这一内涵的界定,一是项目教学要遵循"学生为主体、教师为主导"的原则;二是要共同实施一个完整项目;三是要通过项目的实施带动另一项目的实施;四是将实施的过程转化为学生掌握知识、转化技能的过程;五是项目的结果原则上要求每个小组最终要形成一个具体的成果或产品,而这一共同的成果或产品要由师生共同来评价;六是项目教学开展的主要目的就是促成学生知识的掌握与技能的提升。 总之,项目教学是按照项目化教学思路,采用任务驱动教学法,对课程内容重新进行整合,设计成若干项目、任务,让学生真正实现自主学习,真正把课堂交给学生。

基于上述的内涵界定,人们常常将一个完整的项目教学分为六个部分,即确立项目任务、划分项目小组、制订计划、实施计划、检查评估、归档与结果运用。 项目教学通常有六个步骤:确立项目任务是项目教学的第一步;第二步是要划分项目小组,小组的划分以完成项目为原则;第三步是制订计划,学生要在教师的指导下按照项目的设计要求,确定各自的工作计划;第四步是实施计划,教师在这一过程中,要认真观察学生的表现,并及时地加以点拨和指导,引导学生自己去探索、去实践;第五步是检查评估,检查评估要遵循过程性评估与终结性评估相结合,小组评价与个体评价相结合,自我评价与教师、专

---

① 严中华.职业教育课程开发与实施——基于工作过程系统化的职教课程开发与实施 [M].北京:清华大学出版社,2009: 203.

家评价相结合的原则;第六步是归档与结果运用。

## 二、案例教学的内涵与步骤

案例教学是指"以案例为教材,运用多种方式启发学生独立思考,通过对一系列具体案例的讨论与思考,诱发学生的创造潜能,从而形成学生自主学习、合作学习、研究性学习和探索性学习的开放式的学习氛围的一种教学方法"。[①] 可见,案例教学一是重在启发引导学生自己去探索,而不是仅仅面向学生进行知识的灌输;二是学生是教学活动的主体,在案例教学中,教师要鼓励学生独立思考、标新立异;三是案例教学的目的是提高学生分析问题与解决问题的能力。

案例教学法的步骤主要有案例介绍、分析案例、陈述意见、知识整理、评估反馈。第一步是案例介绍。案例介绍是由教师在精选了案例之后向学生介绍,其目的是促使学生去发现、分析和解决问题。第二步是分析案例。在这一步骤中,教师要引导学生积极参与,认真讨论。第三步是陈述意见。陈述意见常常是在案例分析同时或之后进行,在案例分析同时进行,需要学生积极表达自己的意见;在案例分析之后进行,需要学生根据每组的讨论结果进行现场汇报。第四步是知识整理。教师在这一过程中,要对每个小组所陈述的情况进行概括,并通过梳理与总结的方式对某一教学内容进行进一步的讲解。第五步是评估反馈。教师在整理好所有的知识点之后,要对案例本身、学生讨论过程与结果等进行评价,也可以采用学生评价的方式进行,以指出每个小组的优点与不足,从而激发学生参与的热情。

## 三、模拟教学的内涵与步骤

模拟教学是"在一种人造或虚拟的环境下,如在模拟办公室、模拟医院、模拟工厂里学习从事职业,通常有模拟情境教学法和模拟设

---

[①] 严中华.职业教育课程开发与实施——基于工作过程系统化的职教课程开发与实施[M].北京:清华大学出版社,2009:196.

备教学法两种方式，它可以给人一种身临其境的感觉，可以进行重复教学，并能够随时进行学习评价和指导"。[①] 这一内涵的界定，一是遵循"学习即工作，工作即学习"的理念；二是为学生提供仿真的实践环境，按照生产和工作需要，为学生创设与工作情境相一致的学习环境，把学习环境与工作环境整合起来，让学生按照工作过程，依据生产流程完成一个个接近真实的生产工作任务；三是强调教学活动的完整性，由于模拟教学对接真实生产环境，因此要求在教学实施过程中，以不同岗位角色开展学习活动，按照生产过程操作规范进行操作学习，课堂及实训车间管理实行企业管理模式；四是具有可复制性，模拟教学强调要把教学内容操作典型化、生产装置实训化、职业岗位情景化、调控手段真实化的深刻内涵充分应用到教学中，从而做到"课堂实景化，实景课堂化"。

模拟教学的实施步骤主要有四步：教师设计、学生知识准备、现场模拟与管理、效果评价。在教师设计步骤中，教师要设计好模拟场景，并明确教学目的；在学生知识准备阶段，要以小组学习的形式开展，布置好小组任务；现场模拟是模拟教学的重点环节，教师要发挥组织者、指导者的作用；效果评价则是对各个小组进行评价，评价的主体可以是教师，也可以是学生自己。

## 四、"五环四步"教学的内涵与步骤

"五环四步"教学又称"五环四步"能力本位职业教育教学模式。这一模式是重庆市 2002 年以来通过参与实施中国-澳大利亚（重庆）职业教育与培训项目，重庆市教科院职成教所有关专家在学习、借鉴澳大利亚及其他国家先进职业教育经验的基础上，结合重庆实际，研究并实践的一种中职学校课堂教学的有效教学模式。该模式不仅在重庆市众多中职学校的众多专业中得以推广应用，而且引起了福建省等众

---

[①] 严中华.职业教育课程开发与实施——基于工作过程系统化的职教课程开发与实施[M].北京：清华大学出版社，2009：198.

多省市的极大关注，福建省福州市 2009 年以来先后邀请重庆市 40 多位中职教师进行示范性教学交流。从这个意义上讲，这一职业教育课堂教学模式，是重庆市众多中职教师和职业教育研究人员共同的智慧结晶。实践表明，"五环四步"能力本位职业教育教学模式，不仅适合于中职公共基础课，而且也适合于中职专业课；不仅适合于重庆市，而且也适合于其他省市，是一种符合职业教育特点与需要的教学模式。

"五环四步"中的"五环"是指教学过程分为能力发展动员、基础能力诊断、能力发展训练、能力发展鉴定和能力教学反思五个环节；而"四步"则是指其中的能力发展训练按照任务、行动、展示、评价四个步骤进行（见图 7-1）。可见，"五环四步"教学是以促进学生综合职业能力发展为目标和宗旨的，它把能力发展训练贯彻于教学活动的始终。

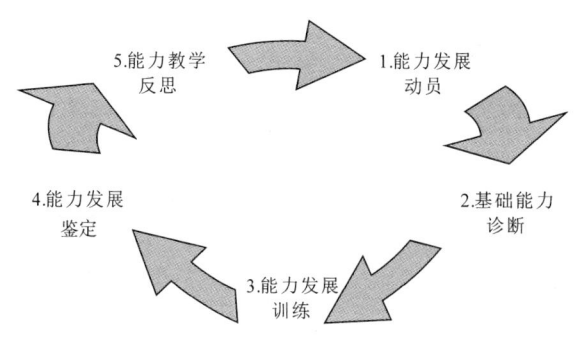

图 7-1 "五环四步"教学模式的"五环"运行图

"五环四步"教学有三个明显的特征，一是坚持以学生为中心，教师讲授时间不能超过三分之一，学生独立或分组活动的时间要在三分之二以上；二是要实施分组教学，依据学生基础能力情况进行分组；三是能力发展训练后要进行诊断，并要进行教学反思。

"五环四步"教学的步骤在其内涵界定中有着显著的体现，即能力发展动员、基础能力诊断、能力发展训练、能力发展鉴定、能力教学反思以及在能力发展训练环节所体现出来的任务、行动、展示、评价四个步骤。

大家知道，教学组织形式一般有班级式、分组式和个别式三种。班级式分为行列式、方框式、圆弧式、中心式等；分组式分为两人分组式和多人分组式；个别式分为个别工作式、个别自学式和个别交流式。就"五环四步"教学而言，采取的是班级、分组以及个别结合的教学组织形式。

以上我们简要地介绍了项目教学、案例教学、模拟教学、"五环四步"教学等模式的内涵、特征、步骤等，现在我们再回过头来对中职学校课堂也做一个简单的界定。中职学校课堂是空间、内容与时间的结合体，从空间上讲，它可以从传统教室拓展到校内外实训基地，甚至延伸到校外职场；从内容上讲，它可以从单个工作任务拓展到能力单元、能力领域，甚至延伸到一门课程；从时间上讲，它可以随着课堂教学任务的不同而呈现出不同的时长。以"五环四步"教学模式为例，中职学校课堂每一门课程、每一个能力领域、每一个能力单元、每一个工作任务的教学都包含"五环四步"，大的"五环四步"套着中的"五环四步"，中的"五环四步"套着小的"五环四步"，小的"五环四步"套着小小的"五环四步"。沿着这样的逻辑，开展一门课程的教学首先要进行能力发展动员，同样，进行一个能力领域的教学也是首先要进行能力发展动员，进行一个能力单元的教学还是首先要进行能力发展动员，进行一个工作任务的教学仍然是首先要进行能力发展动员；另外四个环节也同样如此。

## 第二节  项目教学的多元评价

在上节中，我们探讨了项目教学的内涵、特征与步骤，在本节，我们将对项目教学的多元评价进行讨论。

### 一、项目教学的教学实践

为了加深大家对项目教学的认识，我们选取项目教学的一个案例,对其教学步骤与特点做进一步的说明(见表7-1)。

表7-1 帮周杰伦寻找工作[①]

| 阶段 | 实施内容 | 教师 | 学生 | 地点 |
|---|---|---|---|---|
| 确定项目任务 | (1)项目描述:"寻找周杰伦""寻找职位""设计简历"三个系列子项目,由浅入深、由部分到整体训练学生信息处理的能力,整个训练过程具有全面覆盖性和渗透性,从而有效地训练和提高学生信息处理能力。要求学生能通过网络工具(百度)、报纸、杂志等渠道搜集信息。能利用表格法定量筛选、整理信息。能通过简历的方式将信息展示出来。同时,这个训练项目也有助于学生了解专业特点、就业趋势等信息,锻炼简历撰写能力<br>(2)预期成果:每组一份简历及口头汇报 | 设计、主导 | 理解任务 | 多媒体教室 |
| 划分项目小组 | 每个团队中的8个队员,分为两个组,4人负责搜集周杰伦个人信息,4人负责搜集就业信息,然后进行汇总、整理信息,撰写简历。在集中训练学生的信息处理能力的同时,兼顾训练学生与他人合作、沟通、解决问题、创新等多种能力 | 协调、引导 | 学生执行 | 教室讨论区 |
| 制订计划 | 让学生在团队内部研讨,就三个子项目的完成制订相应的计划 | 协调、引导 | 组内讨论 | 教室讨论区 |

---

[①] 严中华.职业教育课程开发与实施——基于工作过程系统化的职教课程开发与实施[M].北京:清华大学出版社,2009:206-207.

续表

| 阶段 | 实施内容 | 教师 | 学生 | 地点 |
|---|---|---|---|---|
| 实施计划 | （1）安排学生利用能够使用的方法和手段进行搜集信息训练。汇报搜集信息的成果（搜集两种信息时都分别采用了什么方法）<br>（2）各小组将搜集来的信息汇总，定量筛选和核实已获得的信息。总结筛选有效信息、核实信息、综合信息的方法<br>（3）训练信息展示能力，撰写一份周杰伦的个人简历，每个项目小组根据筛选出来的有效的个人和就业信息，分析周杰伦的新工作定位，撰写一份简历 | 可做适当指点和启发 | 学生独立完成 | 电脑教室 |
| 检查评估 | （1）每组随机派出一名队员以PPT的形式汇报项目成果——简历<br>（2）自评、互评、教师点评相结合，评价各组制作出来的简历<br>（3）以简历各栏目安排的合理性以及各栏目信息的完整性、适度性为标准进行评价 | 协调、引导 | 客观评价自己和同学，取长补短 | 多媒体教室 |
| 归档与结果应用 | （1）回顾整个项目进行过程，总结出各子项目的实施要点和信息处理步骤的基本方法<br>（2）记录本次课程的成功之处，以便以后做教学参考<br>（3）记录在教学活动中的不足，以便今后改进此项目设计思路：贴近学生生活，以学生感兴趣的人物为对象，激发学生主动去探索；坚持职业导向、能力本位，设计信息处理能力训练项目；通过实施和开展具体的活动训练项目，培养学生的信息处理的职业核心能力 | 指导、检查、纠正、引导 | 总结归纳 | 教室讨论区 |

在上述的案例中，我们不难发现，它具有这样几个特点：一是按照确定项目任务、划分项目小组、制订计划、实施计划、检查评估、归档与结果应用的步骤来进行设计与教学。其中，检查评估是一个重要

的环节。二是在每一个环节中，尽管教师、学生所担任的角色各不相同，但都是围绕着项目的完成而进行的。三是该项目教学分成了三个子项目，即"寻找周杰伦""寻找职位""设计简历"，培养的是学生通过网络工具（百度）、报纸、杂志等渠道搜集信息的能力，利用表格法定量筛选、整理信息的能力以及撰写简历的能力。总之，该案例较好地实现了让学生掌握简历制作的相关知识，并转化为简历撰写的这种技能的获得过程。

## 二、项目教学的学生评价

对项目教学来讲，学生对其评价，最根本的就是学生在项目教学中，是否能够运用所学的新知识、新技能去解决以前从未碰到过的实际问题。为此，我们基于上述项目教学的案例，构建出项目教学的学生评价指标体系，指标体系的内容主要围绕项目任务确定、项目小组划分、计划制订、计划实施、检查评估、结果运用六个方面展开（见表7-2）。

表7-2 项目教学学生评价指标体系的内容及标准

被评教师：_____ 评价者：_____ 评价时间：_____
年级：_____ 专业：_____ 学科：_____

| 评价项目 | 评价内涵 | 完全符合 | 比较符合 | 一般 | 比较不符合 | 非常不符合 |
|---|---|---|---|---|---|---|
| 项目任务确定 | （1）老师设计的项目任务能紧扣我的学习实际 | | | | | |
| | （2）老师设计的项目任务能够激发我的学习兴趣 | | | | | |
| | （3）我能够明确项目任务所要达到的预期成果 | | | | | |
| | （4）我能够明确各个子项目之间的关联性、承接性 | | | | | |
| | （5）通过老师的教学，我能实现老师设计的项目任务 | | | | | |

续表

| 评价项目 | 评价内涵 | 完全符合 | 比较符合 | 一般 | 比较不符合 | 非常不符合 |
|---|---|---|---|---|---|---|
| 项目小组划分 | （1）老师能根据学生的实际情况划分项目小组 | | | | | |
| | （2）老师能够帮助我们明确各自承担的任务 | | | | | |
| | （3）老师能够及时给予我们小组合作学习必要的指导 | | | | | |
| 计划制订 | （1）老师能够及时指导我们对项目进行研讨 | | | | | |
| | （2）老师能够及时指导我们就项目的完成制订相应的计划 | | | | | |
| 计划实施 | （1）老师能够放手让我们自己去实践 | | | | | |
| | （2）老师在必要时对我们加以点拨和指导 | | | | | |
| | （3）老师常常鼓励我们按照预定的计划进行自我评价与相互评价 | | | | | |
| 检查评估 | （1）老师常常让我们每个小组派代表汇报项目成果 | | | | | |
| | （2）老师常常让我们每个小组就各自的项目成果进行互评与自评 | | | | | |
| | （3）老师能够在我们自评与互评的基础上对每个小组的成果进行点评 | | | | | |
| 结果运用 | （1）通过老师的教学，我们知道了各个子项目的实施要点以及项目完成的基本路径 | | | | | |
| | （2）通过老师的教学，我解决问题的能力提高了 | | | | | |
| 最后合计得分 | | | | | | |

续表

| 评价项目 | 评价内涵 | 完全符合 | 比较符合 | 一般 | 比较不符合 | 非常不符合 |
|---|---|---|---|---|---|---|
| 填表说明 | 评价等级"完全符合""比较符合""一般""比较不符合""非常不符合"对应分值分别为 5 分,4 分,3 分,2 分,1 分,各等级量化分数乘以等级个数之和再乘以 100 与等级量化最高分乘以总评价项之比,即为该项目教学的学生评价得分。 | | | | | |

在上表中,项目任务的确定主要是从项目任务内容的针对性、目标的适切性、学生兴趣的激发性来评价的,项目小组的划分主要是从小组成员的搭配性、任务的分配性、合作学习的指导性来评价的,计划制订主要是从项目研讨的组织性、项目完成的计划性来评价的,计划实施主要是从老师在这一过程中扮演的不同角色来评价的,检查评估主要是从学生项目学习的激励性、学生项目学习的系统性、学生合作学习的有效性来评价的,而结果运用则是针对学生在项目学习中的技能获得性来评价的。

## 三、项目教学的教师评价

《人才培养质量意见》指出:"广泛运用启发式、探究式、讨论式、参与式等教学方法,充分激发学生的学习兴趣和积极性。""充分发挥现代信息技术作用,积极探索和构建信息化环境下的教育教学新模式。"可见,无论哪种教学形式,采用哪种教学方法,运用什么样的教学手段,都要回归到充分激发学生的学习兴趣和积极性上来。

为此,我们基于上述案例,构建了项目教学教师评价指标体系,指标体系的内容主要围绕项目任务确定、项目小组划分、计划制订、计划实施、检查评估、归档与结果运用六个方面展开,而对于教师评价来讲,其遵循的原则除了指标体系构建的全面性外,还应当要遵循教师自评与同行评价的原则(见表 7-3)。

### 表 7-3　项目教学教师自评与互评指标体系的内容及标准

被评教师：_____　　评价者：_____　　评价时间：_____
年级：_____　　专业：_____　　学科：_____

| 评价项目 | 评价内涵 | 完全符合 | 比较符合 | 一般 | 比较不符合 | 非常不符合 |
|---|---|---|---|---|---|---|
| 项目任务确定 | （1）项目任务能紧扣教学内容与学生的实际 | | | | | |
| | （2）子项目之间能够做到前后呼应、相互关联 | | | | | |
| | （3）项目任务能够激发学生的学习兴趣 | | | | | |
| 项目小组划分 | （1）项目小组划分合理 | | | | | |
| | （2）项目小组成员职责分明 | | | | | |
| 计划制订 | （1）学生能够按照项目的要求，确定各自的工作计划、步骤 | | | | | |
| | （2）学生能够相互启发、相互学习 | | | | | |
| | （3）我（他）能够在必要时给予学生必要的指导 | | | | | |
| | （4）学生制订的计划具有针对性、可操作性、有效性 | | | | | |
| 计划实施 | （1）学生能够按照计划实施项目 | | | | | |
| | （2）学生在项目实施过程中能够进行自评与互评 | | | | | |
| | （3）我（他）敢于放手让学生自己去实践，并在必要时加以点拨、指导 | | | | | |
| 检查评估 | （1）每个小组能够推荐代表进行成果汇报 | | | | | |
| | （2）小组之间能够开展自评与互评 | | | | | |
| | （3）我（他）对各个小组的评价准确、精彩 | | | | | |

续表

| 评价项目 | 评价内涵 | 完全符合 | 比较符合 | 一般 | 比较不符合 | 非常不符合 |
|---|---|---|---|---|---|---|
| 归档与结果运用 | （1）我（他）能够及时总结项目实施的全过程 | | | | | |
| | （2）我（他）在项目教学之后能够进行反思 | | | | | |
| | （3）我（他）能够及时对项目教学的相关资料进行归档 | | | | | |
| 最后合计得分 | | | | | | |
| 填表说明 | 评价等级"完全符合""比较符合""一般""比较不符合""非常不符合"对应分值分别为5分，4分，3分，2分，1分，各等级量化分数乘以等级个数之和再乘以100与等级量化最高分乘以总评价项之比，即为该项目教学的教师自评（互评）得分。 | | | | | |

在上表中，项目任务确定主要是从教师项目任务设计的针对性、目标确定的适切性、学生兴趣的激发性来评价的；项目小组划分主要是从学生对小组划分的满意度、成员职责的清晰度来评价的；计划制订主要是从学生计划确定的路径性、过程性，教师的指导性来评价的；计划实施主要是从学生实施计划的把握性、反思性，教师的指导性来评价的；检查评估主要是从学生项目学习的汇报性、协商性，教师的点拨性来评价的；而归档与结果运用则是针对教师在项目学习中的概括性、反思性、资料性来评价的。

以上我们分别从教师自评与互评的角度探讨了项目教学评价，如果在各自评价主体评价结果的基础上，分别对其赋予不同的权重，则可以计算出某项目教学在某一阶段的教师评价得分。假如我们对教师自评、互评分别赋予0.40，0.60的权重，则某项目教学在某一阶段的教师评价得分为各自评价主体的评价得分乘以各自的权重之和。表7-4为项目教学教师评价情况汇总表。

表 7-4　项目教学教师评价情况汇总表

专业：_____　　年级：_____　　评价时间：_____

| 教师姓名 | 教师自评（0.4） | 教师互评（0.6） | 总分 | 备注 |
|---|---|---|---|---|
|  |  |  |  |  |

假如我们对学生评价、教师评价分别赋予 0.40，0.60 的权重，则某项目教学在某一阶段的评价得分为各自评价主体的评价得分乘以各自的权重之和。表 7-5 为项目教学评价情况汇总表。

表 7-5　项目教学评价情况汇总表

专业：_____　　年级：_____　　评价时间：_____

| 教师姓名 | 学生评价（0.4） | 教师评价（0.6） | 总分 | 等级 |
|---|---|---|---|---|
|  |  |  |  |  |

## 第三节　案例教学的多元评价

案例教学具有启发引导学生自己去探索、鼓励学生独立思考、标新立异以及提高学生分析问题与解决问题能力等特点，本节我们将对案例教学的多元评价进行简要的讨论。

### 一、案例教学的教学实践

我们从案例教学的实践入手，选取案例教学的一个案例，对其教学步骤与特点做进一步的说明，以加深大家对案例教学的认识（见表 7-6）。

表 7-6　财产清查①

| 实施步骤 | 实施内容 | 教师 | 学生 | 地点 |
| --- | --- | --- | --- | --- |
| 准备阶段 | 了解财产清查相关知识 | 布置预习任务 | 以小组为单位搜集信息 | 普通教室 |
| 介绍案例 | 审计人员对甲企业财务审查时，发现一笔待处理流动资金净损失，10 月 15 日 25 # 记账凭证（未附有原始凭证）的处理为：借记待处理财产损溢 28 万元，贷记原始材料 20 万元，贷记其他应付款 8 万元，并进行损溢转销处理<br>上述会计分录可疑之处在于，甲企业是何原因将 8 万元的材料损失计入了"其他应付款"账户，审计人员对"其他应付款"的明细进行了审查，发现一笔应付给乙装饰公司的装饰用工费值得怀疑<br>审计人员实际查看了甲企业的会议室，从外观上看，是最近装修的，但从账簿、会计凭证中未发现有任何记录<br>于是，审计人员找到乙装饰公司经理询问此事。据经理反映，他们为甲企业装饰会议室不仅出了工，而且还购买了材料 | 主导 |  | 多媒体教室 |
| 分析案例 | 学生以小组为单位进行讨论，列出讨论要点。根据资料，让学生判断甲企业有哪些错误行为，应如何真实地记录该项经济业务。通过研究性、探讨性的项目，使学生将会计理论、方法与会计法律制度规定联系起来，开动脑筋思考问题、讨论问题，开展启发式教学，达到学生分析、解决问题能力的目的 | 协调引导 | 学生汇总分析 | 教室讨论区 |

---

① 严中华.职业教育课程开发与实施——基于工作过程系统化的职教课程开发与实施［M］.北京：清华大学出版社，2009（9）：197-198.

续表

| 实施步骤 | 实施内容 | 教师 | 学生 | 地点 |
|---|---|---|---|---|
| 陈述意见 | 学生根据每组的讨论结果进行汇报 |  | 每组代表陈述意见 | 多媒体教室 |
| 知识整理评价总结 | 首先表扬课前案例准备和课堂讨论中表现突出的小组和个人,点明案例的关键点,并指出讨论中存在的不足和长处。最后,通过梳理总结的方式,对于财产清查时要注意的相关问题予以进一步的讲解 | 揭示出案例中包含的理论 | 强化先前讨论的内容 | 教室讨论区 |

在上述案例中,我们可以看出案例教学所具有的几大特点。一是案例介绍是前提,它直接影响着案例教学的质量;二是分析案例是关键,它直接决定着案例教学的成败;三是知识整理是重点,它是影响学生知识体系完整性的重要因素。总之,该案例较好地揭示了案例教学的内涵,重在诱发学生的创造潜能,培养学生的合作精神,训练学生的思维能力和实际操作能力。

## 二、案例教学的学生评价

对于学生而言,通过案例教学,学生的发散思维能够得到激发,学会多角度、多层次、全面地观察和分析问题,从而使他们的创造思维能力有一个大的提高。为此,我们基于案例教学的案例,构建出案例教学的学生评价指标体系,指标体系的内容主要围绕案例选择、案例介绍、案例分析、意见陈述、知识整理、评价总结六个方面展开(见表7-7)。

## 表 7-7　案例教学学生评价指标体系的内容及标准

被评教师：_____　　　评价者：_____　　　评价时间：_____
年级：_____　　　专业：_____　　　学科：_____

| 评价项目 | 评价内涵 | 完全符合 | 比较符合 | 一般 | 比较不符合 | 非常不符合 |
|---|---|---|---|---|---|---|
| 案例选择 | (1)通过对老师布置任务的预习，我了解相关的专业知识 | | | | | |
| | (2)通过老师的指导，我搜集信息的能力提高了 | | | | | |
| | (3)通过老师的指导，我整理信息的能力提高了 | | | | | |
| | (4)我感到老师所选择的案例与我们学习的课程密切相关 | | | | | |
| | (5)我感到老师所选择的案例主题鲜明、切合我们的专业知识储备 | | | | | |
| 案例介绍 | (1)通过老师对案例的介绍，我对案例的理解更加清晰了 | | | | | |
| | (2)通过老师对案例的介绍，我对该案例的兴趣提高了 | | | | | |
| 案例分析 | (1)通过老师的指导与点拨，小组讨论的气氛热烈了 | | | | | |
| | (2)通过老师的指导与点拨，小组讨论总是能够围绕主题进行 | | | | | |
| | (3)在小组讨论过程中，老师总是向我们提出质疑，并回答知识方面的问题 | | | | | |
| 意见陈述 | 老师能够认真听取每个小组代表的案例分析陈述 | | | | | |
| 知识整理 | (1)通过老师的教学，我对知识体系有了一个全面的了解 | | | | | |
| | (2)通过老师的教学，我对案例各个部分之间的关系的理解更加清楚了 | | | | | |

续表

| 评价项目 | 评价内涵 | 完全符合 | 比较符合 | 一般 | 比较不符合 | 非常不符合 |
|---|---|---|---|---|---|---|
| 评价总结 | (1)我感到,老师能够鼓励小组之间开展自评与互评 | | | | | |
| | (2)我感到,老师对小组讨论的过程、结果能够进行全面、多元的评价 | | | | | |
| | (3)我感到,老师对案例本身的评价很有价值 | | | | | |
| 最后合计得分 | | | | | | |
| 填表说明 | 评价等级"完全符合""比较符合""一般""比较不符合""非常不符合"对应分值分别为 5 分,4 分,3 分,2 分,1 分,各等级量化分数乘以等级个数之和再乘以 100 与等级量化最高分乘以总评价项之比,即为该案例教学的学生评价得分。 | | | | | |

在上表中,我们可以发现,案例选择的评价主要是从案例的可信性、典型性、与课程的相关性来评价的;案例介绍主要是从学生对案例了解的清晰度、对案例本身的兴趣度来评价的;案例分析主要是从学生合作学习的开展、讨论的针对性、老师的作用来评价的;意见陈述是从小组学习的成效性来评价的;知识整理是从学生对知识掌握的全面性、案例分析的透彻性来评价的;评价总结则是对学生自评与互评、教师点评的准确性、精彩性来评价的。

## 三、案例教学的教师评价

《人才培养质量意见》指出:"要遵循职业教育规律和中职学生身心发展规律,推动教学内容和方式方法的变革,防止灌输式教学,提倡互动式教学,充分发挥学生的主体作用,活跃课堂氛围,激发学习兴趣,改善课堂教学效果。"对于案例教学而言,它重在学生得出案例分析结果的过程,旨在提高学生分析问题和判断决策的能力。

为此,我们基于上述案例,构建了案例教学教师评价指标体系,指标体系的内容同样是围绕案例选择、案例介绍、案例分析、意见陈述、知识整理、评价总结六个方面展开。而对于教师评价来讲,评价指标体系的构建要遵循教师自评与同行评价的原则(见表7-8)。

**表7-8 案例教学教师自评与互评指标体系的内容及标准**

被评教师:_____    评价者:_____    评价时间:_____
年级:_____       专业:_____       学科:_____

| 评价项目 | 评价内涵 | 完全符合 | 比较符合 | 一般 | 比较不符合 | 非常不符合 |
|---|---|---|---|---|---|---|
| 案例选择 | (1)我(他)选择的案例切合学生的认知水平 | | | | | |
| | (2)我(他)选择的案例具有典型性、可信性 | | | | | |
| | (3)我(他)选择的案例主题鲜明,具有时代性 | | | | | |
| 案例介绍 | (1)我(他)在介绍案例时深入浅出,能够帮助学生更好理解 | | | | | |
| | (2)我(他)在介绍案例时能够吸引学生的注意力,提高学生兴趣 | | | | | |
| | (3)我(他)提出的问题能够做到引而不发 | | | | | |
| 案例分析 | (1)我(他)能够引导与点拨学生开展小组学习 | | | | | |
| | (2)我(他)能够较好地控制学生小组学习的进程 | | | | | |
| | (3)我(他)能够掌控学生小组学习的氛围 | | | | | |
| 意见陈述 | 我(他)能够较好地组织小组代表的意见陈述 | | | | | |
| 知识整理 | (1)我(他)能够注重学生知识的系统性 | | | | | |
| | (2)我(他)能够通过案例来整合相关知识 | | | | | |

续表

| 评价项目 | 评价内涵 | 完全符合 | 比较符合 | 一般 | 比较不符合 | 非常不符合 |
|---|---|---|---|---|---|---|
| 评价总结 | (1)我（他）能够组织小组自评与互评 | | | | | |
| | (2)我（他）能从学生熟悉的知识入手，帮助学生达到融会贯通 | | | | | |
| | (3)我（他）对小组讨论的过程、结果能够进行全面、多元的评价 | | | | | |
| | (4)我（他）对案例本身的点评恰到好处，能够提升学生学习的激情 | | | | | |
| 最后合计得分 | | | | | | |
| 填表说明 | 评价等级"完全符合""比较符合""一般""比较不符合""非常不符合"对应分值分别为 5 分，4 分，3 分，2 分，1 分，各等级量化分数乘以等级个数之和再乘以 100 与等级量化最高分乘以总评价项之比，即为该案例教学的教师自评（互评）得分。 | | | | | |

在上表中，我们不难看出，案例选择主要是从教师对案例选择的可信性、典型性，案例主题的鲜明性，与学生认知水平的适切性来评价的；案例介绍主要是从教师对案例介绍的方式、吸引性与提出问题的启发性来评价的；案例分析主要是从教师对学生小组学习过程的引导性、氛围的掌控性来评价的；意见陈述是从学生小组学习的成效性来评价的；知识整理主要是从教师对知识整理的系统性来评价的；评价总结则主要是从教师对学生小组学习自评与互评组织性与指导性、学生知识学习的获得性、案例分析的透彻性来评价的。

以上我们分别从教师自评与互评的角度探讨了案例教学评价，如果在各自评价主体评价结果的基础上，分别对其赋予不同的权重，则可以计算出某案例教学在某一阶段的教师评价得分。假如我们对教师互评、自评分别赋予 0.60，0.40 的权重，则某案例教学在某一阶段的教师评价得分为各自评价主体的评价得分乘以各自的权重之和。表 7-9 为案例教学教师评价情况汇总表。

表 7-9　案例教学教师评价情况汇总表

专业：_____　　年级：_____　　评价时间：_____

| 教师姓名 | 教师自评<br>（0.4） | 教师互评<br>（0.6） | 总分 | 备注 |
|---|---|---|---|---|
|  |  |  |  |  |

假如我们对学生评价、教师评价分别赋予 0.40，0.60 的权重，则某案例教学在某一阶段的评价得分为各自评价主体的评价得分乘以各自的权重之和。表 7-10 为案例教学评价情况汇总表。

表 7-10　案例教学评价情况汇总表

专业：_____　　年级：_____　　评价时间：_____

| 教师姓名 | 学生评价<br>（0.4） | 教师评价<br>（0.6） | 总分 | 等级 |
|---|---|---|---|---|
|  |  |  |  |  |

## 第四节　模拟教学的多元评价

模拟教学具有可以重复教学、给人一种身临其境的感觉等特点，可以使学生在模拟工作岗位上扮演不同角色的同时，达到在工作岗位上"零适应期"的目标。本节我们将对模拟教学的多元评价进行简单的探讨。

### 一、模拟教学的教学实践

对于模拟教学的多元评价，我们还是从模拟教学的实践入手，选取模拟教学的一个案例，对其教学步骤与特点做进一步的说明，以加深大家对它的认识（见表 7-11）。

表 7-11　企业主要经营过程的会计核算[①]

| 实施步骤 | 实施内容 | 教师 | 学生 | 地点 |
|---|---|---|---|---|
| 教师设计 | 教师要明确：模拟真实的会计核算工作状况是使学生按照模仿工作中的每一个步骤，在反复操作中掌握和熟练会计岗位技能和相关理论知识的一种教学方法，由教师精心选用企业主要经营过程中有代表性的业务，准备和提供经济业务的原始凭证和记账凭证等会计资料 | 主导 |  |  |
| 知识准备 | (1)将学生分成几个小组，每个小组 6 人左右，小组中主试、记分员角色由学生确定<br>(2)掌握会计基础知识，并认识记账凭证 | 协调引导 | 学生汇总分析 | 教室讨论区 |
| 现场模拟 | 教师把教学的重点放在引导学生针对经济业务编制记账凭证上。学生在学习时，直接把借贷记账法和会计凭证工作实践结合成一体，将会计分录直接落实到会计实务操作中。教师及时发现、解答和更正学生在动手操作中遇到的各种问题。让学生通过反复操作，了解企业主要经济业务的内容，掌握企业主要经济业务的核算技能，并最终直接提炼上升到理论认识高度 |  | 每组代表陈述意见 | 多媒体教室 |
| 评价总结 | 待所有小组完成核算任务后，挑选出表现出色的小组，由该小组将其准备工作、实施的收获，以课堂讲授的形式向其他学生介绍 | 揭示出案例中包含的理论 | 强化先前讨论的内容 | 教室讨论区 |

在上述案例中，我们可以归纳出模拟教学所具有的几大特点。一是教师设计是前提。在这一环节，教师要明确模拟教学要达到什么样的目的，设计模拟场景要解决什么问题。二是知识准备是关键。在这一环节，学生专业知识的储备对于模拟发挥着重要作用。三是现场

---

[①] 严中华.职业教育课程开发与实施——基于工作过程系统化的职教课程开发与实施 [M].北京：清华大学出版社，2009：200-201.

模拟是重点。在这一环节,要为学生提供仿真的实践环境,做到以"假"代"真"。四是评价总结在于提高。在这一环节,重在揭示模拟教学案例中所蕴含的专业理论与技能。总之,尽管模拟教学是在一个虚拟的环境中进行的,但它仍然是基于行动导向的教学过程。

## 二、模拟教学的学生评价

对于学生而言,通过模拟教学,学生可以在仿真的环境下,使得他们在生产组织、工艺程序、现场技术等方面得到训练。为此,我们基于模拟教学的案例,构建出模拟教学的学生评价指标体系,指标体系的内容主要围绕教师设计、知识准备、现场模拟、评价总结四个方面展开(见表7-12)。

**表7-12 模拟教学学生评价指标体系的内容及标准**

被评教师:_____   评价者:_____   评价时间:_____
年级:_____   专业:_____   学科:_____

| 评价项目 | 评价内涵 | 完全符合 | 比较符合 | 一般 | 比较不符合 | 非常不符合 |
| --- | --- | --- | --- | --- | --- | --- |
| 教师设计 | (1)我觉得,老师选用的是专业学习中最有代表性的业务 | | | | | |
| | (2)我觉得,老师提供的资料都是原始的资料 | | | | | |
| 知识准备 | (1)我感到,老师能根据我们的实际情况划分学习小组 | | | | | |
| | (2)我感到,老师能够指导我们明确主试、记分员等小组学习角色 | | | | | |
| | (3)我感到,通过对老师布置任务的预习,我了解了相关的专业知识 | | | | | |
| | (4)我觉得,通过老师的指导,我的学习兴趣更浓厚了 | | | | | |

续表

| 评价项目 | 评价内涵 | 完全符合 | 比较符合 | 一般 | 比较不符合 | 非常不符合 |
|---|---|---|---|---|---|---|
| 现场模拟 | (1)我觉得,通过现场模拟,我学到了一些实务操作 | | | | | |
| | (2)我觉得,老师总是在我们遇到困难时给予帮助 | | | | | |
| | (3)我觉得,通过现场模拟,我对这一岗位角色有了新的理解 | | | | | |
| 评价总结 | (1)我觉得,老师总是安排每个小组开展自评与互评 | | | | | |
| | (2)我觉得,表现出色的小组以课堂授课的形式将其准备工作、实施收获向其他同学介绍很有价值 | | | | | |
| | (3)我觉得,通过学习,我能够将我的准备工作、实施收获向全班同学介绍 | | | | | |
| 最后合计得分 | | | | | | |
| 填表说明 | 评价等级"完全符合""比较符合""一般""比较不符合""非常不符合"对应分值分别为5分、4分、3分、2分、1分,各等级量化分数乘以等级个数之和再乘以100与等级量化最高分乘以总评价项之比,即为该模拟教学的学生评价得分。 | | | | | |

在上表中,我们可以发现,教师设计主要是学生对场景选择的模拟性、仿真性的评价;知识准备则主要是从学习小组划分的合理性、角色的接受性,小组任务的针对性等方面来评价的;现场模拟主要是从学生在现场模拟中的技能、理论学习的获得性,岗位角色的适应性来评价的;评价总结则是从学生小组学习的自评与互评的效果性、学生学习收获表达的准确性来评价的。

## 三、模拟教学的教师评价

基于上述案例,我们尝试构建模拟教学教师评价指标体系,指标体系的内容同样是围绕教师设计、知识准备、现场模拟、评价总结四个方面展开。而对于教师评价来讲，评价指标体系的构建最根本的是要遵循教师自评与同行评价相结合的原则（见表 7-13）。

表 7-13 模拟教学教师自评与互评指标体系的内容及标准

被评教师：_____　　评价者：_____　　评价时间：_____
评价项目：_____　　专业：_____　　学科：_____

| 评价项目 | 评价内涵 | 完全符合 | 比较符合 | 一般 | 比较不符合 | 非常不符合 |
|---|---|---|---|---|---|---|
| 教师设计 | (1) 我（他）的设计目的明确 | | | | | |
| | (2) 我（他）的设计场景较为真实 | | | | | |
| 知识准备 | (1) 我（他）划分的学习小组较为合理 | | | | | |
| | (2) 我（他）能够指导学生明确各自在小组学习中的角色 | | | | | |
| | (3) 我（他）布置的预习任务很有针对性 | | | | | |
| 现场模拟 | (1) 我（他）注重学生的实务操作 | | | | | |
| | (2) 我（他）能够及时发现、解答、更正学生在操作中遇到的各种问题 | | | | | |
| | (3) 我（他）能够揭示模拟教学中的相关理论问题 | | | | | |
| 评价总结 | (1) 我（他）总是能够组织好小组之间的自评与互评 | | | | | |
| | (2) 我（他）挑选出的表现出色的小组对全班同学的讲授很有价值 | | | | | |
| 最后合计得分 | | | | | | |
| 填表说明 | 评价等级"完全符合""比较符合""一般""比较不符合""非常不符合"对应分值分别为 5 分、4 分、3 分、2 分、1 分，各等级量化分数乘以等级个数之和再乘以 100 与等级量化最高分乘以总评价项之比，即为该模拟教学的教师自评（互评）得分。 | | | | | |

在上表中，我们不难看出，教师设计的评价主要是针对教师设计的目的性、场景选择的仿真性来评价；知识准备则主要是从教师对学

习小组划分的合理性、学生扮演角色的可接受性,预习任务布置的针对性等方面来评价的;现场模拟主要是从教师指导学生实务操作、问题解决、理论提升的过程性与结果性来评价的;评价总结则是从教师对学生小组学习自评与互评组织性与指导性、学生学习收获表达的准确性来评价的。

以上我们分别从教师自评与互评的角度探讨了模拟教学评价,如果在各自评价主体评价结果的基础上,分别对其赋予不同的权重,就可以计算出某模拟教学在某一阶段的教师评价得分。假如我们对教师互评、自评分别赋予0.60,0.40的权重,则某模拟教学在某一阶段的教师评价得分为各自评价主体的评价得分乘以各自的权重之和。表7-14为模拟教学教师评价情况汇总表。

表7-14 模拟教学教师评价情况汇总表

专业:_____    年级:_____    评价时间:_____

| 教师姓名 | 教师自评（0.4） | 教师互评（0.6） | 总分 | 备注 |
|---|---|---|---|---|
|  |  |  |  |  |

假如我们对学生评价、教师评价分别赋予0.40,0.60的权重,则某模拟教学在某一阶段的评价得分为各自评价主体的评价得分乘以各自的权重之和。表7-15为模拟教学评价情况汇总表。

表7-15 模拟教学评价情况汇总表

专业:_____    年级:_____    评价时间:_____

| 教师姓名 | 学生评价（0.4） | 教师评价（0.6） | 总分 | 等级 |
|---|---|---|---|---|
|  |  |  |  |  |

## 第五节 "五环四步"教学的多元评价

在本章的开始部分,我们探讨了"五环四步"教学具有以学生为中心,学生独立或分组活动的时间在三分之二以上,实施分组教学以及在能力发展训练后要进行诊断等特征。本节我们将对"五环四步"教学的多元评价进行简单的探索。

### 一、"五环四步"教学的教学实践

对于"五环四步"教学的多元评价,我们还是沿用以上几种教学模式的范式,从"五环四步"教学的实践入手,选取两个案例,对其教学步骤与特点做进一步的说明,以提高我们对"五环四步"教学的进一步认识(见表7-16与表7-17)。

表7-16 手持式四指四张点钞法[①]

| 教师 | 曾静 | 备课时间 | 2013年5月 | 上课时间 | 2013年5月 |
|---|---|---|---|---|---|
| 单位 | 重庆市商务学校 ||||||
| 专业 | 中职财经专业 || 教材 | 《财经职业技能训练》 |||
| 班级 | 2015级会计电算化3班 |||||
| 课型 | 新授 || 课时 | 2课时(80分钟) |||
| 课题 | 大话西游后传——手持式四指四张点钞法 |||||

---

[①] 该案例由重庆市商务学校曾静老师提供。

续表

| 教学目标 | 知识目标：使学生能初步掌握手持式四指四张点钞的操作步骤<br>技能目标：根据引导文和视频动作模仿手持式四指四张的手法；能又准又快地用手持式四指四张进行点钞<br>情感目标：培养学生严谨细致、准确规范的职业道德素养；培养学生团结协作的意识 |
|---|---|
| 教学重点、难点 | 学会手持式四指四张点钞法的操作方法及步骤；<br>手持式四指四张点钞的速度和正确性 |
| 关键 | 学生利用引导文、操作视频协作学习，学会自评、互评 |
| 教具 | 引导文、视频、电脑、多媒体、点钞券、扎把条、手表 |
| 教法 | 讨论法、观察法、练习法、展示法 |
| 作业 | 用手持式四指四张点钞法点钞，同桌同学互相检测并做记录，每天练习手持式四指四张点钞不少于20分钟 |

教学过程

| 环节 | 教师活动 | 学生活动 | 时间 |
|---|---|---|---|
| 第一环节（能力发展动员） | 播放央行工作人员陶萍通过点钞技能晋级"中国达人秀"的视频 | 进入情境，激发兴趣，明确学习目标 | 5分钟 |
| 第二环节（基础能力诊断） | (1)诊断。请学生拿起桌上的一把点钞券用自己会的方法清点<br>(2)了解学生已有的知识能力水平 | (1)根据自己的点钞情况如实填写<br>(2)每组推荐优秀代表展示自己所用的点钞方法 | 5分钟 |

续表

| 环节 | 教师活动 | 学生活动 | 时间 |
|---|---|---|---|
| 第三环节（能力发展训练） | 请出我校2013年重庆市技能大赛中获得一等奖和二等奖的同学展示手持式四指四张点钞方法<br>任务一<br>模仿手持式四指四张点钞的手法 | （一）分组行动<br>（1）观看手持式四指四张点钞法操作方法<br>（2）小组讨论式学习，互帮互助，共同模仿手持式四指四张点钞的手法<br>（二）展示<br>8分钟后一组为二组、二组为三组、三组为四组、四组为一组各推荐一名同学在全班展示，并评选出最佳模仿团队和最佳点评团队<br>（三）评价<br>（1）随机抽选各组的同学进行评价<br>（2）投票选出你认为点钞姿势最规范的一组和点评最到位的一组<br>（3）点评完成后，全体同学再次拿起点钞券模仿标准步骤点钞，并反思之前自己点钞存在的问题 | 25分钟 |
| | 任务二<br>各组选出一名点钞又准又快的选手代表参加下轮比赛 | （一）行动<br>（1）各组组员先进行点钞自我修炼<br>（2）各组组长制订选拔本组优秀点钞选手的方案<br>（二）组内展示<br>每组根据组长的选拔方案进行组内选拔、展示<br>（三）评价<br>(1)由各组组长公布本组参加下一轮比赛的优秀选手代表<br>(2)由各组组长说出选拔的方案、各组组员选拔赛的情况及在选拔赛中存在的问题 | 25分钟 |
| | 任务三<br>选出3分钟内点钞正确把数最多的一组 | （一）行动<br>各组组员观看四位选手代表点钞<br>（二）展示<br>四位选手代表进行点钞武艺大比拼<br>（三）点评<br>各组派一名组员对四位选手代表点钞情况进行检验。点钞成绩最好的一组将成为"年度最优秀徒儿" | 10分钟 |
| 第四环节（能力发展鉴定） | 全体同学再一次用手持式四指四张点钞法对一把点钞券进行点钞，然后填写鉴定书 | | 5分钟 |

续表

| 环节 | 教师活动 | 学生活动 | 时间 |
|---|---|---|---|
| 第五环节（能力教学反思） | （1）总结本次课的学习情况<br>（2）分发学生意见反馈表 | （1）如实填写学生意见反馈表<br>（2）总结本节课的收获 | 5分钟 |

表7-17　遮罩动画——Flash①

| 环节与步骤 | 教师活动 | 学生活动 |
|---|---|---|
| 一、能力发展动员 | 在上课之前，首先我们一起来看一则新闻<br>教师播放"重庆动漫产业发展势头良好 121005 重庆新闻联播"<br>重庆的动漫产业已经进入了高速发展的时期。据我所知，天健创意（动漫）产业基地落户重庆，项目总投资达30亿元。动漫人才的需求扩大，对于我们中职的学生而言，这更是一个未来发展就业的巨大机会。你们想要高薪就业，实现人生理想吗？那么，学会 Flash 遮罩动画，你又向前迈了一步<br>今天我们就采用小组协作的方式学习，通过小组活动自主学习，小组间相互学习来学会 Flash 遮罩动画。那么，通过这样的学习，我们要达到一个怎样的要求呢？<br>我们一起来看一个 Flash 视频"猜猜它是谁"<br>教师播放 Flash 视频 | 观看，回答 |
| 二、基础能力诊断 | 为了完成今天的学习任务，大家必须具备一定的基础能力，它们都已经罗列在你们手中的基础能力诊断表中。请如实填写基础能力诊断表<br>教师根据诊断情况，对学生进行分组，每组5人<br>教师介绍小组成员的角色，分别有组长、操作员、观察员，以及各自的工作。小组内讨论2分钟，选出小组组长，操作员2位，观察员2位<br>请各小组组长介绍一下小组成员分工 | 填表诊断基础能力<br>按分好的小组就位<br>小组长介绍成员分工 |

---

① 该案例由重庆市商务学校冯诗捷老师提供。

续表

| 环节与步骤 | 教师活动 | 学生活动 |
|---|---|---|
| 三、能力发展训练 | (1)任务<br>请小组长来领取你们今天的任务书<br>观看我们的训练任务的最终效果。教师播放"训练任务1"SWF文件。我们一起来分析这个Flash动画,它包含几个小动画? 分别是哪两种呢?<br>教师播放"训练任务2"SWF文件。我们一起来分析这个Flash动画,老师需要大家思考的是,只有灯光是什么样的渐变? 这个手电筒是沿着什么进行转动的?<br>为了完成任务,老师为各位同学提供了多种学习资源,供大家学习使用。首先,老师录制了详细的视频教程。教师播放"遮罩光斑"教程<br>而且在任务书中也有详细的操作步骤可以学习。建议大家使用一台电脑播放教程,大家一起学习,然后采用2名操作员进行操作,其他组员帮助的方法学习 | 接到任务<br>回答:2个问题<br>回答:遮罩光斑和遮罩文字<br>思考<br>观看 |
| | (2)行动<br>组长按照任务书里的内容,分配每个组员的任务,每组只制作一个作品<br>学习时间是20分钟<br>任务完成后,请组长将作品命名为组号,并把SWF导出文件拷贝到http://192.168.3.1的"同学们交的作品"文件夹中 | 行动 |
| | (3)展示<br>展示大家的学习成果。对照任务书中的分数标准来打分<br>展示第1小组成果,根据分数标准一起为该小组打分<br>展示第2小组成果,根据分数标准一起为该小组打分<br>展示第3小组成果,根据分数标准一起为该小组打分<br>展示第4小组成果,根据分数标准一起为该小组打分<br>展示第5小组成果,根据分数标准一起为该小组打分<br>展示第6小组成果,根据分数标准一起为该小组打分<br>挑选最好学习效果小组的操作员,上台进行边讲解边制作 | 展示成果<br>上台展示制作方法 |
| | (4)评价<br>请各小组组长对本小组的学习活动做一个简评<br>请每组观察员,对其他小组给出一个评说<br>老师对各小组进行一个评价 | 对该任务进行评价 |

续表

| 环节与步骤 | 教师活动 | 学生活动 |
|---|---|---|
| 四、能力发展鉴定 | 通过自主学习,大部分同学都理解了什么是遮罩,也学会了基本的遮罩制作。那么是不是所有的同学都已经掌握了。下面我们进入能力发展鉴定环节<br>首先我们来看"鉴定任务"的最终效果<br>每位同学上机操作,对照导出文件进行制作,制作的时间是15分钟<br>制作完后,对照打分标准和鉴定任务评分表,小组交换打分统计小组得分<br>教师简评鉴定情况 | 对学习情况进行鉴定<br>完成鉴定任务<br>小组交换打分,组长统计平均分 |
| 五、能力教学反思 | 通过今天这样形式的学习,大家学到了遮罩的知识和技能,那么在学习方法、人际沟通等方面有什么体会、感想呢?各抒己见,畅所欲言<br>然后,大家在这一堂课里对老师有什么样的看法和意见,请填写手中的表格<br>最后,我们在一首欢快的歌曲中结束我们今天的课 | 谈体会和感想,填表 |

在上述"五环四步"教学的两个教学案例中,充分地体现了"五环四步"教学的特点,都是按照能力发展动员、基础能力诊断、能力发展训练、能力发展鉴定、能力教学反思五个环节来安排教学,在能力发展训练中,均是严格按照"任务、行动、展示、评价"四个步骤来进行教学的。在表7-16教学案例中,尽管教师设计了三个任务,但这三个任务也是依照"任务、行动、展示、评价"四个步骤进行教学的;另外,该案例在能力发展训练环节任务一中还设计了让该校2013年重庆市技能大赛中获得一等奖和二等奖的同学展示手持式四指四张点钞法等情景,这就较好地贯彻落实了《人才培养质量意见》中"借鉴职业技能竞赛成功经验,促进职业学校技能竞赛活动与日常教学工作紧密结合、良性互动"的要求。

同时,在上述"五环四步"教学的案例中,我们也不难发现,基础能力诊断与能力发展鉴定这两个环节,在这一教学模式中发挥着重要的作用。下面,我们将对此做有关的介绍。

## 二、"五环四步"教学的学生基础能力诊断

在"五环四步"教学中,基础能力诊断即能力发展训练前对学生进行的能力测量与评定,主要是为了了解学生的已有知识、技能和态度,帮助教师和学生安排教与学的进度;预测潜在的学习困难,及时施以补救教学。为此,教师要想有效地进行基础能力诊断,课前应研制好诊断工具;课上要实施好诊断工作,并根据诊断结果进行教学分组。在诊断工具的设计和选用上,主要有观察法诊断工具、问答法诊断工具、报告法诊断工具、成果展示法诊断工具等。表 7-18 就是手持式四指四张点钞法学习前教师设计的学生基础能力诊断表。

**表 7-18　手持式四指四张点钞法学生基础能力诊断表**

请同学们根据点钞情况在括号中打"√"(2 分钟)

```
1.日常生活中是否熟练点钞?
A.非常熟练(    )      B.基本熟练(    )      C.不熟练(    )
2.日常生活中点钞的准确性?
A.非常准确(    )      B.偶尔错误(    )      C.经常错误(    )
3.清点 100 张点钞券所需时间?
A.30 秒及以内(    )   B.31~50 秒(    )      C.51 秒及以上(    )
4.是否熟悉点钞流程?
A.非常熟练(    )      B.基本熟练(    )      C.不熟练(    )
5.是否愿意今天学习点钞呢?
A.非常愿意(    )      B.不愿意(    )        C.无所谓(    )
6.毕业后你最想从事的岗位是?
A.出纳员(    )        B.自主创业(    )
C.银行业务员(    )    D.其他(    )
```

而表 7-19 则是教学内容"遮罩动画——Flash"的学生基础能力诊断表。

表 7-19　遮罩动画——Flash 学生基础能力诊断表

| 序号 | 任务 | 掌握情况 | | | |
|---|---|---|---|---|---|
| | | 会 | 较会 | 一般 | 不会 |
| 1 | 矩形工具的使用 | | | | |
| 2 | 圆形工具的使用 | | | | |
| 3 | 辐射渐变的绘制 | | | | |
| 4 | 图层的新建 | | | | |
| 5 | 元件的新建，转换 | | | | |
| 6 | 关键帧、空白关键帧、普通帧的区别 | | | | |
| 7 | 传统补间动画的制作 | | | | |
| 8 | 形状补间动画的制作 | | | | |
| 9 | 遮罩原理的了解 | | | | |
| 10 | 遮罩文字的制作 | | | | |
| 基础综合得分： | | | | | |

## 三、"五环四步"教学的学生能力发展鉴定

在"五环四步"教学中，能力发展鉴定目的在于明确教学过程是否达到预期的教学目标；提供学生是否达到标准、学校教学成果是否被社会接受的依据。鉴定的方法有很多，主要包括：观察法（包括职场中观察法和在模拟工作环境下的观察法）、寻找错误法、角色扮演法和角色扮演设计法、游戏法和游戏设计法、口头提问法、口头陈述法、演讲法、面谈法、考试法、论文法、证明法、第三方报告法等。

对于"诊断"与"鉴定"的区别与联系，"五环四步"教学认为，"诊断"和"鉴定"，基本的意思都是"测量与评定"；诊断是对学生学习前能力的测量与评定；鉴定是对学生学习后能力的测量与评定。表 7-20 就是手持式四指四张点钞法学习前教师设计的学生发展水平鉴定表。

**表 7-20　手持式四指四张点钞法学生发展水平鉴定表**

请学生们点钞后在括号中打√（2 分钟）

```
1.是否学会手持式四指四张点钞法？
  A.已经学会（　　）    B.基本学会（　　）    C.不会（　　）
2.手持式四指四张点钞的准确性？
  A.非常准确（　　）    B.偶尔错误（　　）    C.经常错误（　　）
3.清点 100 张点钞券所需时间？
  A.30 秒及以内（　　）  B.31～50 秒（　　）   C.51 秒及以上（　　）
4.是否学会将点钞融入点钞实训流程？
  A.已经学会（　　）    B.基本学会（　　）    C.不会（　　）
5.通过这节课，自学能力是否有所提高？
  A.很大提高（　　）    B.有所提高（　　）    C.没提高（　　）
6.通过这节课，团队协作能力是否有所提高？
  A.很大提高（　　）    B.有所提高（　　）    C.没提高（　　）
7.通过这节课，小组荣誉感是否有所提高？
  A.很大提高（　　）    B.有所提高（　　）    C.没提高（　　）
8.通过这节课，和老师的合作是否愉快？
  A.非常愉快（　　）    B.不愉快（　　）      C.无所谓（　　）
```

# 主要参考文献

[1]陈玉琨.发展性教育质量保障的理论与操作[M].北京：商务印书馆,2006.

[2]陈玉琨.教育评价学[M].北京：人民教育出版社,1999.

[3]陈玉琨.一流学校的建设——陈玉琨教育讲演录[M].上海：华东师范大学出版社,2008.

[4]陈洪涛.高校思想政治理论课评价论[M].北京：中国社会科学出版社,2011.

[5]严中华.职业教育课程开发与实施——基于工作过程系统化的职教课程开发与实施[M].北京：清华大学出版社,2009.

[6]〔美〕霍华德·加德纳.多元智能[M].沈致隆,译.北京：新华出版社,1999.

[7]Gardner H. Frames of mind: the theory of multiple intelligences [M]. New York: Basic Books, 1983.

[8]陈瑞生.课堂教学有效性界说偏失的现状、影响及其纠正[J].教育探索,2008(11).

[9]丁邦平.建构主义与面向21世纪的科学教育改革[J].比较教育研究,2001(8).

[10]丁邦平,胡军.建构主义理论与我国基础科学教育改革的若干问题[J].比较教育研究,2005(7).

[11]戴家干.从单一考试走向多元评价[J].人民教育,2014(17).

[12]李风华.多元智力理论与多元评价[J].教学与管理,2003(6).

[13]李小娟.高职学生素质能力评价研究[J].教育研究,2013(5).

[14]鲁静.基于多元评价理论的辅导员职业准入标准[J].教育发展研究,2011(22).

[15]倪小鹏.多元评价的方法与实践[J].中国电化教育,2003(5).

[16]秦虹,胡洁.全国职业院校技能大赛对职业教育理念和观念的影响[J].教育研究,2011(11).

[17]宋彩萍,王江红.教师教学效果评价研究[J].教育理论与实践,2001(2).

[18]孙庆祝,等.高师体育系学生综合能力的培养和建立多元评价数学模型的研究[J].体育科学,1993(6).

[19]孙智昌.发展性学业成就调查何以可能[J].教育研究,2010(12).

[20]肖远军.CIPP教育评价模式探析[J].教育科学,2003(3).

[21]谢利民,褚慧玲.多元评价体系中制定评价标准的思考[J].全球教育展望,2009(2).

[22]袁维新.国外基于建构主义的科学教学模式面面观[J].比较教育研究,2003(8).

[23]张民选.回应、协商与共同建构——"第四代评价理论"评述[J].外国教育资料,1995(3).

[24]郑太年.知识观·学习观·教学观——建构主义教育思想的三个层面[J].全球教育展望,2006(5).

[25]钟启泉.知识建构与教学创新——社会建构主义知识论及其启示[J].全球教育展望,2006(8).

[26]钟启泉.建构主义"学习观"与"档案袋评价"[J].课程·教材·教法,2004(10).